公共管理能力与技巧探究

洛桑曲杰 ◎ 著

中国纺织出版社有限公司

内 容 提 要

随着我国社会、经济的深入发展，公共管理职能日益成为政府职能的重要组成部分，公共管理能力与技巧的强弱已成为衡量政府执政水平的重要标志。探究公共管理能力与技巧，对于保障国家安全、增强我国的综合国力、促进经济社会的健康发展，具有十分重要的现实意义。本书系统阐述了公共管理的基础理论和主要内容，深入探究公共管理能力与培养技巧、公共管理人才创新培养路径，进而论述公共管理能力建设与中国化体系发展。本书适用于公共管理相关从业人员和高校相关专业师生。

图书在版编目（CIP）数据

公共管理能力与技巧探究 / 洛桑曲杰著. --北京：中国纺织出版社有限公司，2024.1

ISBN 978-7-5229-1353-7

Ⅰ. ①公… Ⅱ. ①洛… Ⅲ. ①公共管理 Ⅳ. ①D035-0

中国国家版本馆 CIP 数据核字（2024）第 033129 号

责任编辑：段子君　　责任校对：高　涵　　责任印制：储志伟

中国纺织出版社有限公司出版发行
地址：北京市朝阳区百子湾东里 A407 号楼　邮政编码：100124
销售电话：010—67004422　传真：010—87155801
http://www.c-textilep.com
中国纺织出版社天猫旗舰店
官方微博 http://weibo.com/2119887771
天津千鹤文化传播有限公司印刷　各地新华书店经销
2024 年 1 月第 1 版第 1 次印刷
开本：710×1000　1/16　印张：12.25
字数：200 千字　定价：99.00 元

前　言

随着我国社会、经济的深入发展，公共管理职能日益成为政府职能的重要组成部分，公共管理能力与技巧的强弱已成为衡量政府执政水平的重要标志。探究公共管理能力与技巧，对于保障国家安全、增强我国的综合国力、促进经济社会的健康发展，具有十分重要的现实意义。

本书以“公共管理能力与技巧探究”为选题，探讨相关内容。全书共分为六章：第一章阐述公共管理的基础理论，内容包括公共管理的含义、公共管理的特点、公共管理的职能与研究；第二章分析公共管理的主要内容，涉及公共管理的主体、公共管理的运行、公共管理的资源、公共管理的改革发展；第三、第四章探究公共管理能力与培养技巧，内容涵盖公共管理的学习、写作、沟通、情绪控制、协调、预见、决断、应变、谈判、执行等能力构成与培养技巧；第五章论述公共管理人才创新培养路径，内容涉及高校公共管理人才培养路径、政府公共管理人才培养路径、校政合作背景下的公共管理人才培养；第六章探索公共管理能力建设与中国化体系发展，内容涉及大数据技术背景下的公共管理创新发展、公共管理能力建设的改进路径、公共管理能力建设体系的信访工作优化策略、公共管理学科话语与自主知识体系的中国化建构。

本书写作力求体系完整、视野开阔，借助通俗易懂的语言、系统明了的结构，围绕公共管理理论、能力、技巧等关键词，论述国家治理现代化下，公共管理的能力与技巧必须适应社会的变化发展，变挑战为机遇，调整发展思路，创新发展理念，研究发展策略，从而使公共管理行业能够更好地服务社会。希望本书既可供广大公共管理相关从业人员和高校师生阅读参考，又适用于广大知识爱好者阅读使用，有一定的参考价值。

笔者在撰写本书的过程中得到了许多专家、学者的帮助和指导，在此表示诚挚的谢意。由于笔者水平有限，加之时间仓促，书中所涉及的内容难免有疏漏之处，希望各位读者多提宝贵意见，以便笔者进一步修改，使之更加完善。

著者

2023 年 1 月

目 录

第一章 公共管理的基础理论

第一节 公共管理的含义

管理与人类社会相伴而生，是人类特有的一种活动。只要是有人群的地方就有管理，并且随着社会的发展，管理也在不断地深入，触角无所不及，作用愈加重要。

公共管理是研究公共组织依法运用公共权力管理社会公共事务、实现社会公共利益的过程。公共管理的含义如下：

第一，公共管理要依法管理。依法管理即公共管理要依法进行，它包括管理根据由法律提供，管理手段受法律约束，管理行为负法律责任。

第二，公共管理的主体是多元化的公共组织。公共组织是以实现公共利益为目的，为社会提供公共服务的公法人[1]组织。公共组织包括政府组织和非政府公共组织两种，它们是公共管理的组织依托。

第三，公共管理的基础是公共权力。公共组织之所以能够管理社会公共事务就是因为它具有人民授予的公共权力，公共权力使公共组织具备了影响和支配社会成员行为的强制性力量，它是公共管理活动得以进行的基础，没有公共权力，公共管理就不能有效实施。因此，拥有公共权力是公共组织具有社会公共事务管理权的主要标志。

第四，公共管理的目的是实现公共利益。公共利益就是全体社会成员的共同利益。公共利益的实现是公共管理的根本目的。实现公共利益的过程就是公共组织给公民提供公共服务的过程。公共管理为公民提供的公共服务内容包括公共事务的管理和公共产品的供给。

❶ 公法人是根据公法规定而成立的法人，以公共事务为成立目的。公法人在法律上能够作为权利和义务主体的法人。

第五，公共管理的内容是社会公共事务。社会公共事务指全体社会成员的事务，具体内容包括：①公共安全与秩序。公共安全与秩序就是公共组织给全体社会成员提供国防、治安、民主等方面的服务，保证国家政权独立，社会秩序稳定，人民参政议政的团结安定的政治局面。②公共问题。公共问题即社会问题，要由公共组织去解决。③公共财产。公共财产是人们共同拥有财产，也是公共物品，是由公共财政支出的，其来源是纳税人的税收，它是公共组织管理的经济基础。④公共资源等。公共资源即所有人们都有可能享用和受益的，以物质性存在的能源、道路、桥梁、交通等设施与物品。公共资源既是公共组织给社会成员提供服务的内容，又是服务的工具和载体。

第二节　公共管理的特点

一、公共性、公开性与公正性

第一，公共性。具体表现为：公共管理的主体、对象、目的以及手段都具有公共性。

第二，公开性。指及时向社会公布公共管理信息的特点，使公共管理信息能受到社会公众的监督。其具体表现包括：①公共管理信息要主动公开。②选择合适的公共管理信息的公开方式，方便群众对其进行查询、收集和监督。

第三，公正性。指公共管理的目标是要实现社会的公平公正，其具体表现包括：公共管理过程公正与公共管理结果公正。

二、政治性、价值与责任性

第一，政治性。具体包括：①作为公共管理的主体，政府和机关部门代表着政治权威的执行者，而这些部门本身就带有强烈的政治性，所以公共管理也具备政治性；②公共管理的运作背景是复杂的政治环境，所以公共管理会受到背景环境的影响而产生政治性；③我国政治活动非常广泛，而这些活动就是公共管理的对象之一，所以公共管理会因为研究对象的性质而受到影响。

第二，价值与责任性。在公共管理中，公共部门非常重视价值与责任。一方面，公共部门也会强调经济和效益，但更加重视对公平、公正和民主的追求，即对价值的追求。另一方面，公共管理部门非常重视责任，认为只有各个部门的公务人员都承担起自身的责任，才能使绩效测量指标达到要求的标准，进而真正意义上发挥出政府所承担的责任。

三、合法性与管理性

第一，合法性。指公共管理应遵循一定的标准、规范，具体表现为：①公共管理主体资格的合法性。②公共管理行为规范的合法性。③公共管理结果的合法性。

第二，管理性。指公共管理所开展的各项活动属于管理活动的范畴，所以公共管理具备一般管理所具备的特点，其具体表现包括：①公共管理的过程包括不同的管理环节，如计划、组织、指挥、协调、控制等。②公共管理进行过程中，要遵循原则性和灵活性的原则，协调好效率与公平、权力与责任的问题，贯彻人本、诚信与服务的管理精神。

四、广泛性

第一，公共管理知识的广泛性。公共管理建立在公共行政的基础上，并对公共行政的内容进行了扩展，具体体现在管理主体、管理客体和管理内容以及对管理知识的要求等方面，公共管理需要用到各个学科的知识，如经济学、管理学、政治学、社会学、数学、系统分析学等，所以说公共管理的知识整合了各个学科的知识和方法，具有广泛性。绩效管理、组织发展、人力资源开发、合同雇佣制、绩效工资制等管理的理论、方法和技术就是现代工商管理学相关知识在公共部门中的运用。

第二，公共管理研究领域的广泛性。公共管理除了知识具有广泛性之外，其研究领域也非常广泛。公共管理不仅将一些传统的研究方向进行了有选择的保留，并且在此基础上进行了创新和突破。公共管理学虽然是建立在公共行政学的基础上，但是也涉及大量公共行政学所未涉及的主题。

五、新颖性

这里的新颖性是指公共管理模式的新颖性。公共管理模式实质上是一种管理思路，主要是指在进行公共管理过程中能够处理政府与市场、政府与企业、政府与社会关系的模式。之所以说公共管理模式具有新颖性，主要是因为这种模式与以往的管理模式完全不同，并且将公共管理与以往传统行政管理进行了区别。新颖性主要体现在，该模式偏好劳务承包、为民众提供多元化的公共服务等方面。

第三节　公共管理的职能与研究

一、公共管理的职能

职能是指人、事物、机构所应有的职责与功能（作用）。公共管理的职能是管理这些公共组织，并使这些公共组织能够完全发挥自身应有的作用和功能。公共管理的职能类型如下。

（一）政治与文化职能

第一，政治职能。政治职能是公共管理中最基本的职能之一，指公共管理组织通过一系列政治活动，维护国家根本利益，对外保护国家安全，对内维持社会秩序的职能。

第二，文化职能。文化职能是指公共管理组织所具备的领导精神文明建设、组织精神文明活动的责任，目的是通过文化的方式全面提高国民素质，为中华民族的发展提供强大的精神支柱。作为公共管理职能中的不可缺少的一部分，文化职能还可以细化，分为思想政治教育、科学文化教育等事业职能的规划和管理。

（二）社会与经济职能

第一，社会职能。社会职能是指公共管理组织所具备的动员社会力量管理社会公共生活领域的职能，具体又可以细分为：控制人口发展、合理利用自然资源、保护地球生态环境、完善社会保障体系、促进社会公益服务事业发展等。

第二，经济职能。经济职能是公共管理中非常重要的职能之一，是公共管理组织所具备的维持社会经济稳定、推动社会经济发展的责任。

（三）运行职能

第一，计划职能。在公共管理中，计划职能是非常关键的职能之一，主要内容包括对公共管理活动目标、实施方案以及系统的工作程序的制定。

第二，组织职能。组织职能是指按照公共管理的要求设立一定的组织机构，并为该组织机构配备相应的公务人员，明确各个公务人员的职位和职权，合理组织内部的各要素，使各个零散的要素形成一个有机的整体，从而有效利用各种资源。

第三，控制职能。控制职能是指对公共管理组织中的各个行为进行调节，使其能够按照预定要求发挥自身作用的责任。

（四）经济调节职能

经济调节职能是采取各种必要的手段，对经济结构进行优化，充分发挥出公共管理对经济所具有的调节职能，发展对外经济贸易和区域经济合作，提高我国的就业率，使我国经济实现稳定增长。

第一，在公共管理的经济调节职能中，促进经济发展是最重要的内容。我们要对社会总供给和社会总需求之间的关系进行调整，使两者处于一种动态平衡的状态，以此来推动经济的快速发展。

第二，公共管理要提高我国的就业率。就业是保障生活正常进行的条件，它的高低与我国经济发展的速度以及就业弹性等因素有关。因此，提高我国的就业率，需要保证我国的经济能够始终处于稳定、快速增长的状态，同时，也要积极发展劳动密集型产业、第三产业、中小型企业、非公有制企业，要大力推进城镇化，加快小城镇建设，以此来提高就业弹性，增加就业。此外，稳定物价也是公共管理职能的一部分。稳定物价是我国宏观经济政策的基本目标之一，稳定物价就要抑制住通货膨胀、避免通货紧缩、维持币值的稳定，因而又常把这一目标称为“稳定币值”。

第三，公共管理要实现国际收支的平衡，要协调国际收支中的各组成要素，如财政、货币等。此外，还要格外重视使用决策杠杆和引导产业，对进出口商品结构进行整体优化，转变我国的外贸形式，使其从数量增长型转变为质量效益型。

（五）市场监管职能

第一，司法部门。司法部门主要是指我国的各级法院。在市场监管中，各级法院的主要作用是依照相关的法律规定，运用正当的司法程序，以当事人的请求为根据，制裁一些严重违反市场经济法律的行为。

第二，各级政府。各级政府主要是指政府的各个行政执法部门。这些部门对于市场的监管是依照相关的法律规定，采取各种行政手段来监督、控制和查处市场上的各种违法违规行为。这些部门在履行市场监管职责的过程中具有主动、及时和点多面广的特点。这些部门不仅要对自己所监控的市场范围中的违法行为进行查处，同时还要对市场主体的经营行为进行监督，保证市场的有序运行。

第三，行业自律组织。这类组织在现代经济市场中也承担着非常重要的监管职能，主要包括市场中的各类商会和行业协会。该组织对成员的监管权部分出自政府的授权，部分出自协会成员的集体意志，所以具有一定的自律性。行业自律组织既能对组织成员进行监督，同时也能对其违法经营活动进行处罚。

第四，新闻媒体。新闻媒体对市场有一定的监督职责，需要承担一定的社会责任。新闻媒体对市场的监管具有很强的广泛性，采取的形式是公开披露相关的违法经营行为。

第五，消费者维权组织。消费者维权组织对市场的监管具有自发性，其作用是维护消费者的正当权利，能够对违规的经营行为进行舆论批判和道义谴责，为其带来巨大的社会压力，以此来发挥监管市场的职责。

（六）社会管理职能

第一，对政府社会政策体系进行进一步完善，在社会政策中融入与社会公正理念相关的内容，以此来保证社会的正义发展。

第二，政府采取各种手段来打造基本社会安全网，并采取公共财政手段，建立完善的政府社会管理机构来保证社会安全网的正常运行。

第三，促进社会事业发展主体的多元化，以此来实现社会事业管理的社会化。其中，可以将社会力量和个人力量引入纯公益性社会事业建设中。

第四，维持社会秩序的稳定、安全与和谐。社会秩序由国家法律法规、企事业单位和社会团体的规章制度、社会公德和优良风俗习惯等各种规范共同形成，用以维护社会的安定，维护人们的正常生产、工作和生活，维护社会的生存和发展。

二、公共管理的研究

公共管理学是一门研究公共管理活动或公共管理实践的学科，“作为一门实践性强的学科，公共管理学科应以何种方式展开研究并建立什么样的知识体系取决于公共管理实践的样态”[1]。

公共管理的研究方法如图 1-1 所示。

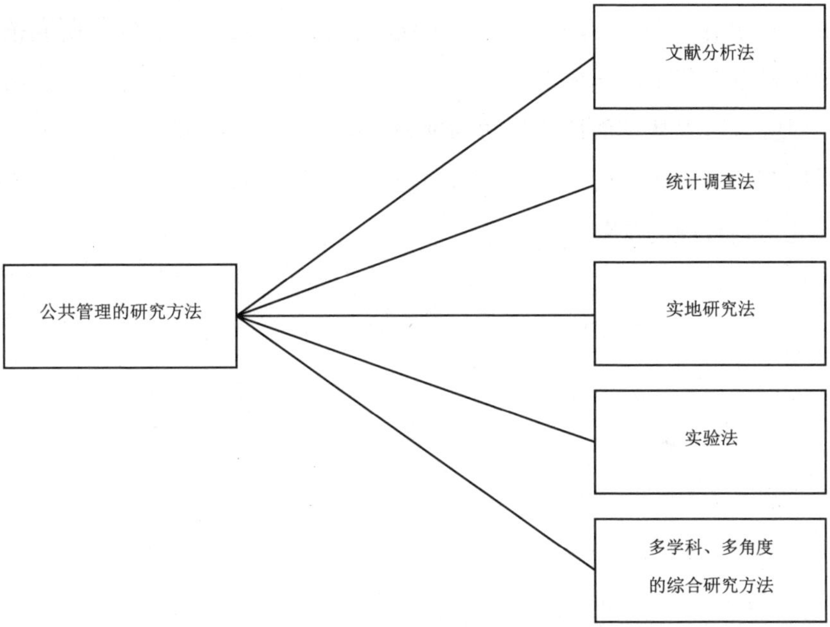

图 1-1　公共管理的研究方法

第一，文献分析法。研究者无需接触研究对象。这种方法具有间接性、无干扰性和无反应性的特点。通过仔细阅读和分析文献，研究者可以获取已有研究的结论、观点和数据，从而了解特定领域的知识和进展情况。

第二，统计调查法。它采用问卷或结构化访谈的方式对研究对象进行调查。通过从总体样本中收集量化的资料，研究者可以通过统计分析来认识社会现象和规律。这种方法可以帮助研究者获取大量数据，从而对特定问题进行全面客观的分析。

[1] 罗梁波，颜昌武．从单一性到复合化：中国公共管理研究的现实与未来 [J]. 政治学研究，2018（5）：79.

第三，实地研究法。通常采用参与观察和个案研究的方法。研究者通过深入研究对象的生活环境，通过参与观察和询问来理解对象的行为方式和文化内容。这种方法能够提供对研究对象的深入洞察，并帮助研究者抓住细节和背后的意义。

第四，实验法。这是一种在高度控制的条件下研究变量间因果关系的方法。通过操纵某些变量，研究者可以观察另一个变量的变化，从而探讨不同现象之间的因果联系。实验法能够帮助研究者确定因果关系，并提供实证证据支持特定的理论或假设。

第五，多学科、多角度的综合研究方法。作为跨学科、综合性的研究领域，公共管理学可以借鉴不同学科的研究途径，如管理学、政治学、文化学、法学和经济学。研究者可以从其他社会科学的理论、假设或模型出发，以研究公共管理过程。采取多学科、多角度、跨领域的综合研究方法，可以帮助研究者从不同维度深入探究公共管理的复杂性和多样性。

第二章　公共管理的主要内容

第一节　公共管理的主体

公共管理的主体是指公共领导者，其中政府是公共管理的责任主体，非政府组织是公共管理的协同主体，民众是公共管理的参与主体。

一、公共管理的责任主体——政府

第一，政府的地位。“政府作为公共管理的主导力量，既是信息化建设的践行者，同时也是引导者。”[1]政府是介于国家和公民之间的一座桥梁，作为行政机关，政府是由中央和地方行政机关共同组成的，发挥着行使国家权力、管理公共事务的作用。其拥有比其他公共服务部门、市场微观主体以及公民社团更高的公共权力，所以，政府在公共管理中所处的地位是解决公共事务的主要承担者。

第二，政府对公共事务的责任。政府对公共事务的责任分为政治责任和管理责任两方面。一方面，政府作为公共权力的主体，需要承担公共事务中的政治责任。政府的政治责任在公共管理领域主要体现在政府是否愿意通过制定和执行公共政策来解决公共问题，并对某一公共问题给出具有原则性、指导性和意向性的解决意见。另一方面，政府担任着公共管理实施者的角色，其管理责任体现在政府能否采取科学合理的管理措施，使公共问题能够得到有效解决。

第三，政府的组成和职能。在一个国家的政府体系中，通常包括国家元首、立法机构、行政机构和司法机构等几个主要组成部分。政府的职能包括：①政治职能。政府的首要任务是维护国家的统治阶级利益，保护国家的安全，并维持社会秩序。为了实现这些目标，政府会制定各种政策和法律，并采取必要的措施

[1] 王琼，陈玉．大数据时代政府公共管理面临的机遇、挑战与应对策略 [J]. 中国管理信息化，2022，25（9）：178.

来维护国家的政治稳定。②经济职能。政府在国家经济中发挥着至关重要的作用。它推动国家的经济发展，制定经济政策，管理经济活动，并促进产业的繁荣与创新。政府还负责税收和预算等经济管理活动，以确保国家财政稳健。③文化职能。随着人民对文化生活需求的增长，政府致力于满足人民的文化需求。政府依法管理文化事业，促进社会主义精神文明的建设，推动文化产业的发展，从而促进经济与社会的协调发展。④社会职能。即向公众提供社会公共服务。除了政治、经济和文化职能外，政府还负责其他领域的事务，如社会保障、医疗卫生、环境保护等。通过提供这些公共服务，政府旨在保障人民的基本权益和福祉。

二、公共管理的协同主体——非政府组织

在公共管理中，非政府公共组织处于协同地位，要按照政策和法律法规，发挥自身特有的各项功能，为社会提供各种服务，其管理原则是独立和公正。在中国，除政府外，社会组织主要有事业单位、群众团体、民间组织、社会中介组织等，它们共同组成社会公共管理的协同主体。

非政府公共组织的特点包括以下四个方面：

（1）民间性。民间性是指非政府公共组织与政府的体制不同，实施的是自主管理的方式，组织负责其中的所有事务并承担相应的责任。

（2）组织性。组织性是指非政府公共组织具有完善的内部制度，会经常性组织各种活动，并且有相关的负责人负责各项事宜。

（3）志愿性。志愿性是指非政府公共组织所开展的各项活动是建立在公民自愿参与的基础上的，能够促进社会生活的多样化发展，并能满足公民多元化的服务需求。非政府公共组织虽然并没有受到政府的限制，但是仍需要遵守国家法律，按照法律法规开展相关活动。

（4）非营利性。非营利性是指非政府公共组织通过开展活动获得的收益不可以分给组织的所有者以及领导者。非政府公共组织开展各项公共活动的目的并非为了获得利益，而是完成一定的使命；有些活动可能能够为组织带来一定的利益，但这部分利益依然带着一定的任务或者使命，所以不允许分配给组织的所有者和领导者。非营利性也是非政府公共组织与其他私营组织之间最大的区别所在。非政府公共组织能够为公民提供各种公共服务，如教育、卫生、娱乐等方面。

三、公共管理的参与主体——民众

第一，民众的参与地位。作为公共管理中的参与主体，公民参与是指公民在自主自愿的基础上，积极参与各项社会活动或者社会事务管理的过程。公民需要参与社会管理过程中各种决策及其贯彻执行中，这样体现了社会公共管理的民主性。

第二，对政府进行效能监察。我们要对政府进行效能监察，核算政府供给公共物品的成本，避免出现政府垄断公共管理导致预算最大化和政府规模恶性膨胀的问题，将政府的预算与政府工作的实际绩效进行对比核验，确保政府在公共管理中完成了其应尽的责任。

第三，引入企业家精神。我们还要在公共管理中引入企业家精神，倡导顾客导向的价值理念，促进公共管理事业的发展。

第二节　公共管理的运行

一、公共管理的领导者

为了实现公共组织的目标，最关键的是确保人、财、物充分发挥作用，以及各项工作的顺利展开。这些方面都离不开有效的领导工作。在公共管理实践中，一家公共组织要想取得成功并持续存在，必须具备有效的领导力。科学的领导是推动整个公共管理过程中其他职能实现的动力。

领导者如何高效地安排宝贵的时间，处理日常工作事务，提高自己的工作效率，变得尤为重要。要出色地履行领导职责，需要关注以下问题。

（一）领导者的素质及修养

1. 领导者的素质

在现代科学管理理论中，领导者的素质要求，是一个动态的、发展的概念。一个成功的领导者应具备以下素质。

（1）政治品质。公共领导者的政治品质至关重要。他们应该恪守宪法，全心全意地为人民服务。这意味着他们的行为和决策应当符合法律法规，并以最大限度地满足公众的利益为目标。

（2）知识素养。知识素养对公务人员来说也是必不可少的。他们需要深入了解政治法律、经济理论、管理学、社会学、心理学等学科知识，并掌握专业管理技能。广泛的知识基础可以帮助他们更好地理解和应对各种政府事务和公共管理挑战。

（3）实际能力。除了知识，领导者还需要具备一系列实际能力。

第一，创造能力。包括思维敏捷、见解独到和表达流畅等。这使他们能够迅速捕捉到重要信息，并提出独到的观点和解决方案。

第二，决策能力。领导者需要善于判断、分析和创造，以便能够作出明智而有效的公共决策。他们需要依靠自己的经验和专业知识，权衡各种因素，为整个社会谋求最大的利益。

第三，组织指挥能力。他们应善于运用组织的力量，协调各种资源，调动成员的积极性，以影响和带动他人的行动。这需要他们具备良好的沟通和协调能力，能够有效地组织团队并激发他人的工作动力。

第四，社会能力。他们应善于与人相处，了解他人和自己，具备客观、公正和正派的品质。他们需要善于倾听不同意见，宽容并保持耐心。无论面对挫折还是胜利，他们都能保持内心的平衡，有自己的主见，但不固执己见。

第五，技术能力。他们应及时掌握最新的管理知识和技术，并将专业的管理技术应用于公共管理实践中，以提高管理能力和水平。这有助于他们更好地应对快速变化的环境，并采取适当的措施来解决问题和推动改革。

（4）良好作风。

第一，领导者需要具备强烈的事业心和责任感，他们应该将公共利益置于私人利益之上，始终以国家和人民的利益为出发点，而不是追求个人权力或私人利益。他们应该以奉献精神为指导，不畏艰辛，不图私利，以务实的态度为公众服务。

第二，领导者要保持谦虚谨慎的态度。他们应该敢于接受批评和自我批评，并从中吸取经验教训。领导者应该有勇气面对自己的错误和缺点，积极改正并不断提升自己。通过保持谦虚谨慎的心态，他们能够更好地与他人进行合作和沟通，建立良好的工作关系。

第三，领导者的工作作风应该是民主、深入群众的。他们应该积极倾听民意，了解人民的需求和期望，并将其作为决策的重要参考。领导者应该亲近群众，了解他们的生活状况和困难，并采取切实有效的措施来解决问题。他们还应该以身作则，做到言行一致，以认真细致的态度处理工作事务，确保工作质量和效果。

第四，领导者在生活中要与群众同甘共苦，避免特殊化，带头遵纪守法。领导者应该深入了解群众的生活，关心他们的利益，并与他们共同面对困难和挑战。他们应该摒弃特权思想，遵守纪律和法律，做到廉洁奉公，严于律己，树立良好的道德风范。

（5）健壮的体魄。

第一，公共管理工作本身是复杂多变的，涉及的内容繁多且规模庞大。领导者需要承担大量的工作任务，并且要求工作的质量高。只有拥有健壮的身体和充沛的精力，才能应对这种工作压力，保持高效的工作状态，确保工作的顺利进行。

第二，领导者必须具备健康的心理状态和勇于承担风险的魄力。公共管理工作常常面临各种困难和挑战，需要领导者具备坚韧的意志和积极的心态来应对。健康的心理状态能够帮助领导者保持冷静和清晰的思维，作出明智的决策。同时，领导者也需要有勇气承担风险，敢于挑战传统观念和面对可能出现的不确定性，以推动公共管理的创新和发展。

第三，对公共管理领导者来说，健壮的体魄是在应对各种挑战时的身体素质要求。领导者需要具备足够的体力和耐力来应对长时间的工作压力和紧张的工作节奏。他们可能需要应对突发事件、危机情况或紧急决策，这时健壮的体魄将为他们提供必要的支持和应对能力。

2. 领导者的修养

（1）领导者的政治思想修养。

第一，坚持政治思想的原则性，以正确的思想处理公共管理问题，体现社会主义性质。始终牢记自己的政治信仰，确保在管理过程中始终与社会主义核心价值观相一致。

第二，坚定贯彻执行党的路线、方针和政策，坚决反对脱离中央精神和中国实际的倾向。紧密团结在党中央周围，积极践行党的决策，以确保公共管理的协调性和一致性。

第三，全心全意为人民服务，对待工作怀有政治热情和责任感。领导者要时刻关注人民的利益，不断思考如何更好地满足人民的需求，并以实际行动将这些需求转化为具体的政策和举措。

第四，具备对新事物的敏感性，能够发现、保护和支持有利于社会发展的新事物，并不断提高公共管理水平。领导者要不断关注社会变革和创新的潮流，积极支持和推动有益于社会进步的新思想、新技术和新模式的出现和应用。

第五，具备研究新情况、解决新问题的能力，勇于改革和探索，为建设中国特色的公共管理模式开创新局面。领导者要紧密关注国内外的新情况和新问题，积极寻求解决之道，并勇于推动体制机制的改革和创新，以适应中国社会发展的新要求和新挑战。

（2）领导者的工作效率修养。

第一，目标明确。领导者必须明确组织的目标，激励成员自觉地为整体目标而努力工作。没有明确的目标，目标管理就会变得无效。领导者应该明确说明组织的长期和短期目标，并与团队成员分享这些目标的重要性和意义。通过这种方式激发团队成员的动力和热情，使他们愿意为实现这些目标而努力。

第二，精力集中。领导者应该集中精力投入工作，并合理安排重要任务，以提高工作效率。领导者需要优先考虑并处理最关键的任务，这样可以确保有限的资源和时间得到最大的利用。领导者应该具备良好的时间管理能力，以便有效地分配时间和精力。他们应该学会识别和消除分散注意力的因素，集中精力完成重要工作。

第三，抓准关键问题。领导者需要准确把握组织面临的关键问题，集中资源来解决这些问题，并授权他人处理次要的非关键问题。领导者应该具备分析和判断的能力，识别出对组织发展最具挑战性和影响力的核心问题。领导者可以通过委托任务和赋予团队成员更多的责任来减轻自身的负担，并培养团队成员的能力和承担责任的意识。

第四，精简会议。领导者应该减少不必要的会议，并确保会议的有效性。他们需要评估每个会议的目的和价值，只召开真正需要的会议，并在会前明确议程和目标。领导者应该提供充分的准备和材料，以确保会议高效进行，并鼓励参会人员积极参与和发表意见。通过这种方式，领导者能够最大限度地利用时间，避免会议成为资源和时间的浪费。

第五，采用新手段。领导者应该积极采用最前沿科学技术和管理手段来提高组织的效率。这包括应用科学管理原理，合理安排事务工作，并运用最前沿科技成果。领导者应该持续关注管理领域的最新趋势和最佳实践，并将其应用于组织的运营中。领导者应该鼓励团队成员学习和掌握新的工具和技术，以提高工作效率和创新能力。通过不断采用新手段，领导者能够引领组织适应变化和发展的要求，保持竞争力。

（二）领导者的时间管理

第一，时间管理分类法。这种分类法可以帮助领导者抓住工作的关键。通过对工作进行分类和优先级排序，领导者可以更好地管理自己的时间，确保重要的任务得到及时处理。

第二，时间管理记录统计法。领导者可以运用数理统计方法，建立封闭回路的无形劳动时间管理系统。通过记录和统计自己的时间分配情况，领导者可以了解自己的时间利用情况，并进行必要的调整和改进。

第三，时间区域管理法。适用于整体管理、阶段管理和瞬间管理。在整体管理中，领导者需要进行全面规划和统筹安排，运用时间节约规律，科学地组织和协调时间。阶段管理则针对特定阶段进行具体管理，利用计划表、卡片等工具安排实施。而瞬间管理则要求领导者灵敏地反映事件变化，适时采取措施，妥善分配时间，快速作出判断和反应。

第四，时间管理自我诊断法。通过运用案例诊断原理，领导者可以判断自己的时间管理类型，并整理出相应的处理方式。这有助于定向突破问题组织，提高时间管理能力。

除了以上方法，还有一些其他时间效能技巧也非常实用：①领导者可以学会用最佳时间处理关键事务，即在自己最为高效和精力充沛的时间段集中处理重要任务。②将相关工作在同一时间段内处理，可以减少转换成本，提高工作效率。③养成快速准时的习惯也是至关重要的，领导者需要时刻关注时间，并始终准时完成任务。④学会适时休息也是不可忽视的，合理安排休息时间可以帮助领导者恢复精力，更好地应对工作挑战。

（三）制订合理的工作次序

制订合理的工作次序是为了有效地处理日常任务，可以采用以下原则来确定工作次序：摒弃过去，专注未来；根据例外原则行事，给予充分的授权；不以压力作为工作次序的依据。除了制订合理的工作次序，掌握正确处理日常工作的技巧也至关重要。

1. 集体责任感

为了让公共组织成员充分融入集体，需要制订合理的工作次序。这样一来，每个职工都能感到自己是整个团队不可或缺的一部分。同时，应该鼓励职工之间进行广泛的交流，并注重工作质量，以使他们对自己的工作感到满意。另外，为了让职工分享组织的利益，可以采取一些形式，如利益分享计划或让职工享有组织的所有权。最好的情况是两者兼具。这样，职工们会感到他们的努力得到了回报，他们与组织之间的利益是相互关联的。此外，还应该努力缩小职工之间的等级差别，实现公平管理。在组织的管理过程中，任何人都应该受到平等的对待。通过消除不必要的等级隔阂，建立一个更加公正和谐的工作环境。

2. 建立良好的关系纽带

在组织中建立爱的纽带，以情感人，以情管人。这意味着组织应该注重人际关系的培养，通过情感和关怀来管理和引导员工。它强调了人与人之间的友爱和情感支持的重要性。个人的基本需求可以归纳为四种：友爱、重视、确认和尊重。

（1）友爱是指在组织内部提供人与人之间的友爱和慰藉。这可以通过鼓励员工之间的合作和支持来实现，营造一个团结互助的工作环境。

（2）重视是指通过重视下属来激励和调动他们的积极性。这意味着领导应该重视每个员工的贡献，并给予他们适当的认可和奖励。这样可以增强员工的自信心和工作动力，激发他们的创造力和效率。

（3）确认是指明确告知组织成员在组织中的作用，让他们感知自身的存在价值。这可以通过定期的反馈和评估来实现，让员工知道他们的工作对组织的重要性，并提供机会让他们发展和提升自己的技能和能力。

（4）尊重是指用公开表彰的方式表示对努力工作的成员的尊重，树立敬业努力和勤奋工作的风气。这可以通过颁发奖项、表扬和提升职位来实现。尊重员工的努力和成就可以增强他们的自尊心和归属感，促进积极的工作态度和团队合作。

3. 有效开展必要的会议

会议是我国公共管理组织的一种重要形式和方式，对于搞好公共管理工作来说，开好各种工作会议是至关重要的基础。以下是开好会议的要点：

（1）时刻牢记会议目的，确保在整个会议过程中都能保持这一目标的导向。

（2）掌握讨论问题的逻辑过程。通常，会议讨论一个问题需要经过四个阶段：导入、讨论、结论和总结。

（3）选择适当的会议方式。除了法律规定的政府常务会议和全体会议形式外，还可以根据实际情况采用其他形式来完成公共管理会议工作，如通过式、选择式、拼合式、折中式和综合式等方式。

（4）当讨论一些与大家不常接触的问题时，由了解情况的成员先进行介绍，让大家对相关知识、情况和资料有所了解，然后请相关专家进行科学论证，最后在此基础上展开讨论，以达到预期的公共管理目标。

（5）在充分发表意见后进行结论的形成。

（6）养成准时开会和开短会的习惯。

（7）理解会议成员的生理和心理规律，合理安排会议的时间和环境，以提高会议效率。

（8）作出明确的会议决议并做好记录。在讨论之后，要明确决定要做什么、如何做、谁负责以及完成时间等，形成会议纪要，并发给相关人员作为执行和检查的依据。

（9）尽量减少会议时间，节约会议成本。

二、公共管理计划

公共管理计划是公共组织根据实际情况进行的一种管理方法。通过科学的预测，综合考量客观需要和主观可能性，设定未来一定时期内所需实现的管理目标和达成这些目标的方法和途径。它的作用在于确保公共组织中各项活动有条不紊地进行。制订公共管理计划是一个需要运用智力和发挥创造力的过程。它要求对未来有高度的洞察力和远见，需要精确地制订公共管理目标和战略，并进行详细的公共组织规划和部署。所有这些决策都要建立在深思熟虑和反复权衡的基础上。通过综合考虑各种因素和风险，公共管理计划能够提供可行的方案和行动指南，以确保公共组织的有效运作。它不仅是一种规划工具，更是一种管理过程，能够引导公共组织朝着预期的方向前进，并适应变化的环境和需求。公共管理计划的实施需要协调各个层级和部门之间的合作，以确保目标的顺利实现。同时，不断监测和评估计划的执行情况也是公共管理计划的重要组成部分，可以及时调整和优化管理策略，以适应变化的情况和需求。

（一）公共管理计划目标的性质

公共管理计划目标是公共组织所制定的预期成果，旨在根据组织的宗旨，在一定时期内实现特定的管理目标。从管理学的角度来看，公共组织的目标具有一些独特的属性，因此在制订这些目标时，需要充分考虑它们的特点。下面将描述公共管理计划目标的性质，如图 2-1 所示。

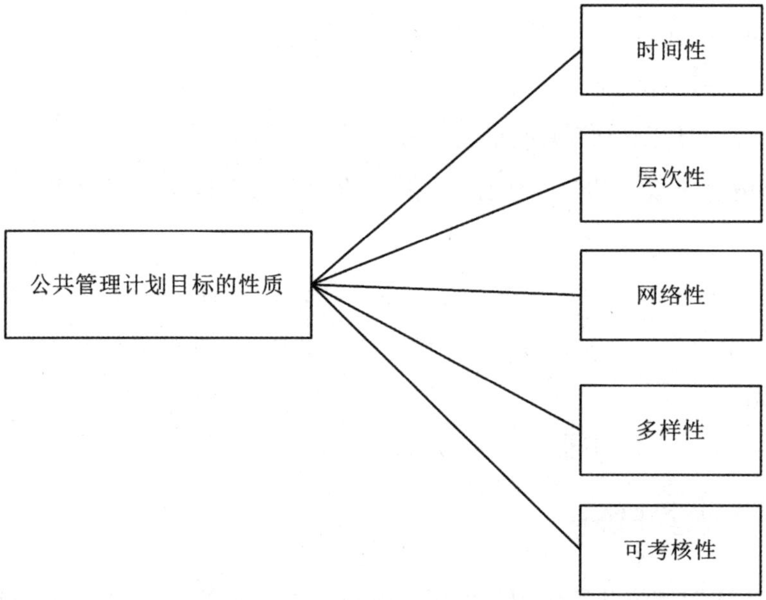

图 2-1　公共管理计划目标的性质

1. 时间性

按时间长度，可以将目标分为短期目标和长期目标。短期目标被视为实现长期目标的基石，因此必须全面而具体，并在长期目标的第一年内得以实现。短期目标的设定必须充分考虑长期目标的要求和指导方针，确保两者之间的紧密联系。长期目标和短期目标应当形成一个有机的整体关系，其中确定短期目标的过程决定了实施的先后次序。短期目标的设定和达成将为长期目标的实现提供关键支持，确保整体计划的顺利推进。为了实现长期目标，制订每个目标的详细计划是必要的。这些计划应当综合起来形成一个总体计划，以确保其逻辑性、协调性和可行性。这一过程不仅有助于全面考虑各个目标之间的相互关系，还能够提前发现潜在的冲突和障碍，并制订相应的解决方案。

2. 层次性

在公共组织中，有三个层次可以用来简化和概括其目标，它们分别是环境层、组织层和个人层。

（1）环境层是指社会对公共组织所抱有的期望和要求。这包括公众对组织的期望、政府政策的要求以及其他利益相关者的期望。环境层的目标反映了组织所处的社会和政治背景，它们是公共组织制订目标时必须考虑的重要因素。

（2）组织层是指公共组织作为一个利益共同体和一个系统的整体目标。这意味着组织必须明确自身的使命和愿景，并为实现这些目标而努力。组织层的目标通常与提供公共服务、解决社会问题以及保障公众利益等方面有关。这些目标是公共组织为了满足环境层期望而设定的。

（3）个人层是指公共组织成员个人的目标。每个组织成员都有自己的职业发展目标、个人成长目标和专业技能目标。这些目标在个人层次上与组织的整体目标相互交织。个人层目标的实现对组织的成功非常重要，因为它们代表了组织中每个成员的动力和参与度。

3. 网络性

公共组织中的各类、各级目标构成一个网络，展示着彼此之间的相互关系。这个网络的存在使公共组织能够通过相互联系、相互促进的公共管理活动来实现目标。在这个网络中，公共管理目标和计划以网络方式连接，需要进行协调、支援和连接。这样的网络性质有助于实现公共组织的整体有效性和协同作用。

4. 多样性

公共组织的目标具有多样性，其中包括了各种主要目标。了解目标的多样性对于确定和发挥目标的作用至关重要。多样性的存在意味着公共组织需要针对不同的目标制定适当的管理策略和措施。通过充分认识和理解目标的多样性，公共组织能够更好地适应各种挑战和变化，从而实现更好的绩效和成果。

5. 可考核性

公共管理中的目标可以分为定量目标和定性目标两种类型。强调目标的可考核性是公共管理的重要原则之一，而定量化是实现目标可考核性的一种便捷方法。定量目标能够通过明确的数值指标进行衡量和评估，使绩效的监测和评估更加直观和客观。然而，定性目标在公共管理活动中同样不可或缺，尽管考核定性目标的准确性相对定量目标来说更加困难。定性目标通常使用“多好”的标准进行衡量，可以通过详细的规划和设定特征和完成日期来提高其可考核性。因此，在公共管理中，既要重视定量目标的可考核性，也要灵活应对定性目标的特点，以确保目标的全面有效管理。

（二）公共管理计划的程序与方法

1. 公共管理计划的程序

（1）估量机会。这包括预测可能出现的变化和机会，了解组织自身的能力和不确定因素，并制订决策策略。通过这样的估量，可以为公共组织和下级单位确定公共管理计划的目标。

（2）确定目标。基于估量机会的结果，确定计划的目标，包括制订方针、任务和重点。同时，还需要确定计划实施时的前提条件，了解预期的环境，并将这些条件作为计划的假设条件，以确保计划符合公共管理的要求。

（3）拟订可供选择的方案。在这个过程中，需要发挥创造性，提出多个备选方案，并对其中最有希望的几个方案进行深入分析。

（4）评价各种备选方案。这需要按照前提条件和目标进行评价，权衡各种因素，比较利弊，并采用成熟的评价方法进行多目标评估。

（5）选择方案。这个决策是基于前面各个步骤的工作，并且需要制订备选方案作为后备计划。

（6）制订派生计划。派生计划是根据总计划制定的分计划，它们是总计划的基础，确保各个细节得到妥善安排和执行。

（7）编制预算。预算不仅成为综合各类计划和衡量计划进度的工具，还能帮助合理分配资源，确保计划的顺利执行。

2. 公共管理计划的方法

（1）运筹学的方法。运筹学是管理科学的基石，它采用分析、实验和定量的科学方法，旨在协调各个环节之间的关系，并为管理目标选择出最佳方案。这一学科关注问题的优化和决策过程，利用数学模型和技术工具来帮助管理者作出理性决策。运筹学通过对问题的建模和分析，考虑各种因素的影响，以达到整体最优的目标。它提供了一种系统性的方法，能够量化不同因素之间的相互关系，为管理者提供科学依据，以制订最佳方案。运筹学方法的程序包括建立数学模型、确定目标函数、确定参量数值，以及求解模型以找到最优解。

（2）滚动式计划方法。滚动式计划方法是一种灵活的长期公共管理计划方法，它的特点是根据环境变化和实际执行情况进行动态调整，同时保持计划期限的不变。这种方法认识到在长期计划的执行过程中，环境和情况可能会发生变化，因此需要随时对计划进行评估和调整。滚动式计划方法允许在计划执行期间根据实际情况作出灵活的决策，以适应变化的环境和需求。它强调计划的持续性和适应性，确保长期计划与短期计划之间保持密切联系，并为公共组织提供了一个现实可行的长期指导方案。

（3）计划—规划—预算方法。计划—规划—预算方法是一种按项目实施的公共管理计划方法。它的过程包括制订计划、规划和预算，以实现公共管理的目标。首先，最高主管部门提出总目标和战略，确定组织的整体方向和重点；其次，根据这些目标，制订详细的规划方案，确定实现目标所需的具体项目和行动步骤。规划阶段通常考虑包括资源分配、时间安排、风险评估等方面的因素；最后，在规划的基础上，编制预算，确定实施各项目所需的资源和经费，并进行资金分配和控制。计划—规划—预算方法提供了一种系统化的方法，使公共管理者能够有序地组织和管理项目，以实现公共管理目标的有效实施。

三、公共管理控制

公共管理控制是评估和纠正公共组织内部管理活动及其效果的过程，旨在确保公共组织能够实现其目标和为此所制定的公共管理计划。作为负责执行计划的领导者，每个人都承担着公共管理控制的主要责任。实施有效的公共管理控制工作的关键在于正确、灵活地运用相关原则和方法，以适应不同的情况。

（一）公共管理控制的重要性

第一，环境变化的影响。环境变化对公共组织的计划产生的影响程度与变化的持续时间密切相关。随着时间的推移，环境变化可能会对公共组织的计划执行造成越来越大的影响。因此，控制工作的重要性也相应增加。

第二，公共组织内部的变化。公共组织内部的变化同样会对公共管理计划的执行和实现产生影响。当组织内部发生变化时，如组织结构的调整，部门间的协调与配合可能会受到影响。这种变化可能导致工作流程的调整，需要重新调整部门之间的沟通和协作方式，以确保计划的顺利执行。

第三，公共组织成员能力的差异。公共组织成员之间的能力差异、动机和工作态度的不同也会对公共管理计划的执行产生影响。由于成员之间的差异性，可能会出现执行计划的不一致性或效率低下的情况。为了确保计划的有效执行，需要加强对成员的工作控制。这可以通过设定明确的目标和期望，提供必要的培训和支持，以及建立有效的绩效评估和反馈机制来实现。

（二）公共管理控制的类型划分

1. 依据时间划分

控制可以分为事先控制、现场控制和事后控制。

（1）事先控制是为了确保公共组织中使用的资源在质和量上符合计划要求。它的主要目标是在工作开始之前预防问题的发生。事先控制侧重于规划和准备，通过明确的指导和详细的规定来确保工作的顺利进行。这种控制方法可以通过制定清晰的目标和标准，建立适当的程序和流程，并确保必要的资源和培训得到提供。

（2）现场控制发生在工作进行的过程中。它涉及到对下属的工作进行指导和监督，以确保任务按计划完成，并达到预期的目标。现场控制的关键在于实时监测和干预，以解决可能出现的问题和障碍。领导者在现场控制中扮演重要角色，他们需要与团队成员密切合作，提供指导和支持，及时纠正偏离计划的情况，并做出必要的调整。

（3）事后控制是基于已获得的管理行动结果信息，对下一步工作进行纠正和调整。这种控制方法通过对实际结果和预定标准之间的差异进行分析，识别问题的根源，并采取相应的措施来纠正和预防类似的问题再次发生。事后控制不仅是对实际结果和标准的偏差进行控制，还包括科学分析和及时发现潜在问题的控制。它强调学习和改进，通过经验总结和反馈机制来提高组织的绩效和效率。

2. 依据程序划分

控制方式可以根据其特点分为两种主要类型：集中控制和分散控制。

（1）集中控制是指所有的控制指令和信息流都源自一个中心，并按照预定的程序进行操作。这种方式的优点在于它能够实现整体协调，统一整个系统的总体目标。然而，集中控制的缺点也是显而易见的，首先，信息传输效率较低，因为所有的指令和信息都必须经过中心点进行传输。其次，集中控制的适应性较差，它难以对于系统中的变化作出及时的反应，这可能会导致控制过程的复杂化。

（2）分散控制采用了分级的控制结构，其中控制指令和信息流是多向和多中心的。这种方式的优点是信息传输效率较高，因为控制指令可以直接从各个中心传递到执行单位，从而提高了响应速度。此外，分散控制还具有较强的适应性，它可以更灵活地对系统中的变化作出反应，因为不同的中心可以独立地采取行动。此外，分散控制还具有控制过程简便的优势，因为指令可以直接传递到执行单位，减少了层级间的复杂沟通。然而，分散控制也存在一些缺点，其中最重要的是整体协调的难度，因为各个中心相对独立，很难形成统一的管理合力。

3. 依据方式划分

（1）程序控制是通过预先确定的目标编制被控对象的行为程序来实现控制。在程序控制中，领导者需要事先规定下属活动的目标，并对实现这些目标的行动方式和方法进行安排和规定。当领导者对下属的工作采取程序控制时，他们会明确指示下属要完成的具体目标，并提前制订实现这些目标所需的步骤和指导方针。这种控制方式更加具有指导性和规范性，对于复杂的任务和需要一致性执行的工作非常有效。

（2）目标控制则与程序控制方式完全不同。目标控制是通过设定目标、确定控制变量和控制参数来实现对控制对象的控制。在目标控制中，被控对象只需接收目标信号，并具有一定的弹性和灵活性来应对公共管理工作中出现的各种问题。这种控制方式更加强调自主性和适应性，允许被控对象根据实际情况作出灵活的调整和决策。例如，在一个动态变化的环境中，目标控制可以为被控对象提供更多的自主权和创造性，使其能够适应不断变化的条件并作出相应的应对措施。

4. 依据系统的表现形式划分

（1）静态控制是指当被控制系统的活动经过一段时间后，集中提供这一段时期的信息，并将其反馈到输入部分进行控制的过程。这种控制方式适用于那些需要基于过去数据进行决策和规划的情况。例如，考虑一个公共管理部门，根据上个月的公务人员出勤率和工作完成情况，集中提供相关信息，以便对下个月的公共管理目标进行控制和调整，这就属于静态控制的范畴。

（2）动态控制则是为了揭示受控制系统内部活动的连续变化过程，需要随着时间的推移不断提供信息并实施相应的控制。这种控制方式适用于需要实时监测和调整的情况。例如，在公共管理领域的质量控制中，根据公共服务质量的变化情况，不断调整操作和工作方法，以确保提供高质量的公共服务，这就是动态控制的一种应用。

四、公共责任制度

公共责任制度是随着人们对公共领域认知的加深和管理经验的成熟而形成的一套规则和准则，用以指导政府与社会之间的互动关系。它包括以政府为核心的各级责任制度，涵盖了宏观、中观和微观层面，是国家政治制度和政治体制的重要组成部分，具有广泛而丰富的内涵。

（一）公共责任制度的类型

1. 正式制度

正式制度是以明确条文规定为基础的制度，其中包括宪法规定的机构设立、政府职能的规范以及行为准则等。这些规定旨在确保政府的正常运作和社会秩序的维持。通过这些正式制度，权力的分配、行使和限制都得到了明确的界定。

2. 非正式制度

非正式制度在补充和完善正式制度方面起到了关键的作用。虽然正式制度为政府的职能和行为提供了明确的指导，但非正式制度则在政治交往中自然地规范着人们的行为。它们强调的是一种隐含的社会契约，而不仅仅是依靠法律的强制力。然而，非正式制度缺乏可靠的法律保障和制度约束，这使得它们在某些情况下可能会受到挑战或被忽视。

非正式制度的核心在于价值体系。这包括一系列的价值观念、伦理规范、道德观念和风俗习惯等。这些价值体系在社会中扮演着重要的角色，塑造着人们的行为方式和决策思维。它们反映了一个社会共同认可的道德准则和行为规范，对于维护社会秩序和道德观念的传承起到了重要的作用。

尽管正式制度在政治组织和管理中具有重要地位，但非正式制度同样不可忽视，它们相互补充、相互影响，共同塑造着一个国家或社会的政治风貌。

（二）公共责任制度的功能

公共责任制度作为政府及其公务人员的行为准则，对规范政府行为、净化行政环境、促进廉政建设、实现服务型政府等目标具有重要功能。

1. 导向功能

导向功能是制度的指引功能，通过公共责任制度引导政府行为朝特定方向发展，减少管理行为的不确定性，保护人民的公共利益。公共责任制度为政府提供了一套明确的准则和原则，以指导政府的决策和行动，确保其与人民的期望和需求相一致。这样一来，政府的行为就不会受到个人偏好或短期利益的影响，而是以整体利益为导向，更好地保障了人民的权益和福祉。

2. 规范功能

规范功能通过公共责任制度控制公务人员的行政行为，使其符合政治和行政规范，履行管理职责。公务人员是政府的执行者和代表，其行为对于政府的形象和效能至关重要。公共责任制度通过设立规范和约束，确保公务人员在执行职责时遵守政治和行政规范，秉持道德和职业操守，以公正、透明、高效的方式履行管理职责。这样的规范功能有助于建立公务人员的专业形象和信誉，提高政府的治理水平和公共服务质量。

3. 预防功能

公共责任制度在预防和纠正政府及公务人员的错误行为方面具有重要功能。公共责任制度是一项制度性规定，为公务人员提供行为准则，明确可行和不可行的行为以及行为后果。这种制度性规定的存在使公务人员更加谨慎，预防错误行为的发生。

4. 纠正功能

公共责任制度通过法律、法规和规章的形式向社会公开。这样一来，社会可以通过舆论监督来纠正政府及公务人员的错误。人民通过民主监督、政府通过管理途径、司法机关通过追究法律责任等方式，可以纠正政府及公务人员的错误行为。这些监督途径是公共责任追究机制的重要组成部分。

公共责任制度的有效发挥能够预防和纠正政府的不规范和错误行为，确保其正确运行。通过明确行为准则和后果，公共责任制度能够提高公务人员的责任意识和行为规范性，避免他们采取不可行的行动或产生错误后果。同时，公共责任制度的公开性使社会各界能够监督和纠正政府及公务人员的错误行为，确保他们按照规定履行职责。

五、公共管理监督

公共管理监督是对政府及其公务人员行为进行监察、督查、督导的重要活动。在实现管理目标的过程中，加强对公共管理过程的监督至关重要。这种监督的主体在我国具有广泛性和群众性，因为公共管理监督的对象包括各级政府、公益性事业单位、社会团体以及这些组织的公务人员。

公共管理监督的核心目标是监督公共组织行使公共权力的过程，确保政府及其公务人员的行为符合法律规定，服务于公众利益。在这个过程中，工商、税务、质量监督部门承担着对社会的监督责任。它们确保企业遵守商业规范、纳税义务和产品质量标准，保护消费者权益和社会公平。此外，国家还派遣稽查特派员对国有大型企业进行监督，以确保其运营合法、透明、高效，并有效防止腐败和滥用权力。

公共管理监督的有效实施对于建立健全的治理体系至关重要。它有助于防止腐败行为和滥用权力的发生，维护社会公正和法治精神。通过监督政府行为，公众可以更好地了解政府的决策和行动，提出批评和建议，促进政府更加负责任和透明。同时，公共管理监督也为公务人员提供了一个纪律和规范的框架，以确保他们履行职责并服务于公众利益。

（一）依法监督的意义

我国当前正面临着实现公共管理法治化、民主化和现代化的宏伟任务。在国家政治和法治监督中，公共管理监督扮演着举足轻重的角色，具有巨大的影响力。因此，在当前阶段，加强对公共管理的监督显得尤为重要。加强公共管理监督工作，对于公共组织及其公务人员依法合理进行公共事务管理具有积极意义。这种监督能够促使他们认真贯彻执行国家法律、法规以及党的路线、方针、政策。通过加强监督，能够有效维护国家利益和社会公共利益，推动我国的民主法治建设迈上新台阶。

公共管理的监督有助于确保公共组织和公务人员行使权力时依法行事，遵循透明、公正、廉洁的原则。监督机制的建立和完善能够防止腐败行为的滋生，并加强对权力运行的规范和约束。这样一来，公共资源的合理配置和有效利用将更好地实现，公共服务的质量和效率也将得到提升。同时，加强公共管理监督也能够增强公众对政府行为的信任和满意度。公众对公共管理的监督和参与有助于确保政府决策的公正性和透明度，防止滥用职权和不当行为。公众的参与能够促进决策的民主化，提高决策的科学性和合理性。通过与公众的互动，政府能够更好地了解民意和需求，进一步改进公共管理的方式和效果。加强公共管理监督还有助于推动公共管理的现代化进程。现代化的公共管理需要建立科学、规范、高效的管理机制和运行模式。通过监督，能够发现和解决公共管理中存在的问题和不足，促进管理理念的更新和管理手段的创新。这样，公共管理将更加符合现代社会的要求，为人民群众提供更好的公共服务。

（二）公共管理监督的基本要素与方式

1. 监督的基本要素

公共管理监督的基本要素包括监督者、监督对象和监督机制。

（1）监督者是拥有特定监督权限的主体，可以是内部领导或从事公务的公务人员。他们承担着了解监督对象、监督事项和监督手段的责任，并必须正确行使他们所拥有的监督权力。

（2）监督对象是监督工作的目标，其目的是预防和纠正监督对象违反法律、法规和规章等要求的行为。监督对象必须在法律和规章规定的范围内履行职务，明确自己的行为标准，以防患于未然。

（3）监督机制是监督者主动对监督对象进行监督的制度，旨在对其行为进行规范和控制。监督机制由国家法律和法规来规定，其中包括内部监督制度和外部监督制度。监督主体应保持相对独立，以确保监督的公正和公平。他们必须行使监督权力时保持中立，遵守法律规定，并始终以维护公共利益为导向。

这些监督机制的设置是为了保证行政机关和公务人员依法行使职权，并防止滥用职权、腐败和其他不当行为的发生。内部监督制度涉及组织内部的监督程序和机构，以确保内部员工的行为合规，并促进良好的治理和管理实践。而外部监督制度则由独立机构或公众参与，以监督行政机关和公务人员的行为，确保他们不违反法律规定，并向公众负责。

有效的监督机制需要建立透明的程序和标准，确保监督过程的公正性和透明度。监督者应当有权调查和核实监督对象的行为，并采取适当的措施进行纠正。同时，监督者还应具备独立性和专业性，以保持其监督活动的客观性和可靠性。

2. 公共管理监督的方式

公共管理是一个复杂的系统，其监督方式、方法也是多种多样的。从管理的监督实践看，主要有一般监督方式、内部监督方式和外部监督方式。

（1）一般监督方式。它基于规则、程序和指导原则，以确保公共机构和官员按照既定的法律法规和政策要求履行职责。常规监督可以通过制订明确的职责和权责清单来确保机构和官员的责任和权力的透明性和合法性。此外，它还包括监督程序的建立和执行，以确保决策的公正性和合理性。

（2）内部监督。公共管理系统的内部监督是以提高公共管理效率为中心的公共组织内部的自我控制系统，主要包括行政监察与审计监督。

行政监察是确保公共管理机构内部按照规定进行合规运作的重要手段。它的目标是确保公务员们遵守法律法规和组织纪律，以提高整体管理效率和服务质量。通过行政监察，机构能够及时发现并纠正管理中的违规行为和不当操作，从而确保公共资源的正确使用。

审计监督在公共管理中也扮演着重要角色。审计监督是通过对公共财务和业务的审查，以发现和纠正管理中的问题和漏洞。这种监督方式旨在确保资源的有效利用和防止浪费。审计监督机构会对财务记录和流程进行细致的审查，以验证其合规性和透明度。发现的问题包括财务失误、滥用资金、虚报数据等，这些问题都需要及时得到纠正，以保障公众利益。

（3）外部监督。外部监督是指国家权力机关、人民法院、人民检察院、政党以及社会和舆论等各方对政府和公共事业组织的监督。这种监督的形式多种多样，旨在确保权力的合理行使和防止滥用。

第一，国家权力机关。国家权力机关通过一系列措施来实施监督：①选举是一种重要的监督方式。公民通过选举投票来选举代表，代表将就政府政策和行动向公众负责。②国家权力机关还会听取报告、审查预算等，以确保政府行为符合法律规定和公众利益。

第二，人民检察院和人民法院。其承担着对政府机关和公务人员的非法行为进行监督的责任。他们通过司法程序对违法行为进行调查、审判，确保司法公正和法律实施的有效性。

第三，人民群众。他们通过提出询问、要求、批评、申诉等方式，对政府和公务人员的行为进行监督。这种监督是通过公民的参与和表达意见来实现的，可以促使政府更加负责和透明地行使权力。

第四，社会团体。社会团体通过要求、建议、批评、检举等方式来实施监督。社会团体代表着不同利益群体的声音，他们通过对政府行为的评估和提出建议，来推动政府改进和回应公众需求。

第五，社会舆论。通过媒体和集体演讲等形式，社会舆论可以对政府行为进行监督。尤其是新媒体的兴起，使舆论监督更加广泛和迅速。公众可以通过社交媒体、短视频等平台表达对政府的看法和关注问题，从而引起公共关注和政府的重视。

第三节　公共管理的资源

公共管理的有效资源配置在人力和财力相对紧缺的情况下至关重要。在社会发展追求赶超式现代化战略的过程中，人民对公共服务的需求不断增加，因此公共管理、社会发展和公共服务与资源之间的关系变得日益紧密而重要。

一、公共人力资源管理

为了实现科学而合理的资源配置，人力资源、财力资源和信息资源的合理配置成为一项重要课题。人力资源被视为推动经济和社会发展的关键能力，具备生物性、能动性、社会性和智力性等多个特征。人力资源的开发和管理需要以科学有效的方式进行，以最大限度地发挥其潜力，造福社会和人类。这意味着必须通过培养和提升人力资源的能力和技能，使其能够适应社会的需求和变化。同时，需要建立健全的管理体系，确保人力资源的合理配置和有效利用。对于财力资源的科学配置，公共管理需要明智地分配财政预算，将资金用于最需要的领域和项目，以实现社会发展的目标。这要求公共管理者具备良好的财务管理能力，并制订可持续的财政策略，确保财力资源的可持续利用。此外，信息资源的合理利用对于公共管理和社会发展同样重要。信息技术的快速发展为公共管理提供了更多的数据和工具，以支持决策制订和服务提供。充分利用信息资源，可以提高公共服务的效率和质量，加强政府与公民之间的互动和沟通。

（一）公共人力资源管理的提出

在政府部门，特别是公共部门，人力资源管理的原则和理念是至关重要的。这个领域面临着许多共性问题，其中包括经济全球化和新技术革命带来的挑战。这些问题涵盖了机构膨胀、人员过剩、推卸责任和低效率等方面。为了解决这些问题，必须着手进行一系列重要的改革任务。需要对政府进行重塑，以提高其运作效率和能力。对公共部门进行重构，使其更加适应现代社会的需求。同时，还需要推行公共服务社会化，以更好地满足公众的需求。在改革过程中，必须调整政府与市场、政府与社会的关系。引入市场机制是一个重要举措，可以帮助激发竞争，增强工作动力。还应当加强竞争激励，以确保优秀人才得到相应的回报。为了实现人事管理的有效性，减少冗员是必不可少的。这将有助于降低成本，提高工作效率。同时，下放人事管理权限可以使各级部门更加负责，更灵活地管理自己的人力资源。

在这个体系中，国家公务人员履行着公共权力职责，他们的行为必须符合公共利益的原则。而专业技术人员和管理人员则在政府的指导下负责教育、科学技术研发和应用。他们的工作不仅仅是为了自身的利益，更是为了社会福祉和共同发展承担公共责任。

这种人事管理体系对国家政府的能力、运作水平和工作效率产生着直接影响。人才的开发程度、质量和发挥作用直接影响着经济发展的速度和质量。因此，公共人力资源的开发和管理对政府绩效、政府形象和国家整体发展具有深远的影响。

公共人力资源管理的目标是提高公务人员的素质和能力，促进他们更好地履行职责并服务于公众。为实现这一目标，需要采取一系列的管理措施，如人员选拔和录用的科学化、培训和发展的规划、绩效评估和激励机制的建立，以及公务人员职业道德的培养等。通过这些措施，可以提高公务人员的整体素质，增强其专业能力和道德水平，从而为政府的工作提供有力支持。

（二）公共人力资源管理与传统人事管理的比较

公共人力资源管理与传统人事管理有着明显的区别。在公共人力资源管理中，人被视为最宝贵的资源和公共管理成功的关键因素，与传统人事管理将人视为成本的理念形成了鲜明对比。这一理念上的差异导致了管理原则的差异。传统人事管理以事务为中心，注重执行管理环节，而公共人力资源管理则以人为中心，注重通过激励手段调动人的主观能动性和工作积极性。

管理内容上也存在差异。传统人事管理主要关注本组织或单位人才的招募和填补空缺，而公共人力资源管理则更注重全社会人力资源的整体开发利用。公共人力资源管理致力于经济建设相适应的人力资源整体协调配置，从一个更宏观的角度来考虑人力资源的发展和利用。

在管理方式上，传统人事管理采用大一统的管理模式，将所有公共人力资源统称为“国家干部”，缺乏灵活性。而公共人力资源管理实行分类管理，按人才的性质和职责进行区分，分为公务人员、公共组织职务和专业技术人员队伍。针对不同类型的人才，采取不同的管理方法和手段，提高管理的科学性和效率。

（三）公共人力资源的开发

提高公共人力资源开发水平是提升国家竞争力的关键。人作为各种现代资源的基础和核心，其充分发展和有效利用对于国家发展至关重要。公共人力资源开发涉及多个方面，包括人力资源配置、人力素质提高、人才能力利用以及人才开发规划等一系列活动的有机整合。

为了确保公共人力资源管理的科学有效，必须避免资源的闲置和浪费，规范人力资源配置的程序和手段，并以法治化的方式推动人力资源的流动。此外，社会主义市场体制的完善给公共人力资源管理提出了新的要求。在经济发展中，人才起着至关重要的作用，因此国家高度重视人才队伍的建设，并实施人才战略。在面对新的任务时，公共人力资源管理需要不断完善。这包括完善公务人员制度和管理制度，推进事业单位人事制度改革，深入进行分配制度改革，以及健全适应社会发展需要的公共人力资源管理制度。通过这些改革措施，可以提高公共管理能力和水平。

二、公共自然资源管理

自然资源管理是通过政策制度、科学技术、经济规划和法律法规等手段，由社会公共部门对自然资源的开发、使用、保护等环节进行有效管理的过程。其目的是促进自然资源的合理开发和利用，提高资源利用的经济、社会和生态效益，实现可持续发展。自然资源管理具有独特性，主要体现在以下方面：

第一，紧迫性。当前全球资源危机已对人类的生存构成威胁，因此自然资源管理具有紧迫性，需要迅速解决。

第二，广泛性。自然资源管理的地域范围广泛，涵盖各个地方的空间、地表和地下的各类资源。

第三，艰巨性。自然资源管理工作具有艰巨性，因为资源破坏和生态失衡是长期累积的结果，恢复困难，需要采取紧急行动来保护自然环境。

第四，复杂性。由于我国幅员辽阔，各地的资源情况多样，管理工作也因此变得复杂。针对不同情况，需要采取不同的管理措施。由于历史和地区发展的不平衡，对于自然资源管理的认识存在差异，这给公共部门带来了管理上的困难。需要通过加强沟通和合作，建立统一的管理理念和标准，以确保自然资源得到有效的保护和合理利用。

三、公共财政管理

公共财政在公共管理中扮演着重要的角色，它为公共组织的职能实现提供了物质保障。公共财政管理通过规划、使用和调配国家财力资源，对社会资源的配置进行控制，以有效而科学的方式协调社会资源，推动社会经济的良性运行和有序发展。

（一）社会公共需要层次与公共财政

社会公共需要是社会全体成员共同提出的需求。它们是社会中个体和集体的利益和福祉的体现，涵盖了许多领域，包括教育、医疗、交通、环境保护等。公共财政在满足这些需求方面发挥着重要的支持作用。

第一，公共财政通过提供财力保证国家机构的正常运转。政府是公共服务的主要提供者，它需要经费来维持政府部门的日常运作，如政府机构的管理、人员薪酬、设备购置等。只有政府机构正常运转，才能为社会提供有效的公共服务。

第二，公共财政支持社会科学、教育、文化等事业的发展。这些领域具有广泛的影响和外溢性，对整个社会的进步和发展起重要作用。例如，通过资助科学研究，政府可以推动科技创新和知识产出，为社会创造更多的价值。教育和文化事业的发展也能提升人民的素质和文化水平，促进社会的全面进步。

第三，政府机构的正常运转和公共财政的支持是提供公共服务的基本条件。公共财政支持大型基础设施和公用设施的建设。这些设施是社会再生产的基础，为经济活动和人民生活提供必要的条件和便利。只有政府机构能够高效运作并拥有足够的财政资源，才能满足社会公共需要，提供优质的公共服务。公共财政的合理配置和管理，能够确保资源的有效利用和公平分配，为全体社会成员创造更好的发展机会。社会公共需要的范围广泛，涉及多个领域，需要公共财政提供相应的经费保障。公共财政的支持是实现社会公共需求的基石，它在保证国家机构正常运转，促进社会科学、教育、文化事业发展，以及支持基础设施建设等方面发挥着重要作用。通过有效的公共财政管理，政府能够为社会提供更好的公共服务，促进社会的进步和繁荣。

（二）公共财政的职能

1. 资源配置职能

资源配置职能的核心在于调节社会需求和有限资源之间的矛盾。这需要政府通过调节公共财政资源的分配，力求实现最优化的使用。政府需要在不同公共需要之间进行合理的资源配置。这意味着在教育、医疗、社会福利等领域之间进行权衡和分配，以满足人们的基本需求，并提高社会福祉。政府还需要在不同产业部门之间进行资源配置。这意味着根据社会经济和政治责任，将公共财政资源分配到不同的产业部门，以推动经济发展和实现公共利益。例如，政府可以投入更多资源来支持创新科技产业，以推动科技创新和经济增长。

2. 收入分配职能

在市场经济条件下，实现收入的公平分配是收入分配职能的重要目标。政府需要通过各种调节手段来促进先进和效率。这包括建立和执行适当的税收政策，以确保富人和高收入群体承担相应的社会责任，同时提供适当的激励措施来鼓励创新和投资。此外，政府还需要合理地调整收入差距，以防止社会出现严重的两极分化。这可以通过提供教育、培训和就业机会等手段来实现。政府还应制定和执行收入分配政策，以确保在追求经济效率的同时，公平地分配社会财富。在实施收入分配政策时，政府应以效率为优先，同时兼顾公平。这意味着政府需要在确保经济运行效率的基础上，采取措施来弥补收入差距，并确保弱势群体的基本生活需求得到满足。最终目标是逐步实现共同富裕，为公众提供制度保障。这意味着政府应该致力于减少贫困和不平等现象，通过经济增长和社会发展，为所有人提供公平的机会和福利。政府还应加强社会保障体系的建设，确保每个人都能享受基本的社会保障和福利待遇，以实现社会的全面发展和进步。

（三）公共财政管理的目标

公共财政管理是一项至关重要的活动，其目标在于深入研究和理解财政分配规律，通过反映公共财政规律的要求，以规范和准则为依据，发挥公共财政的职能作用，确保资源的合理配置和社会的可持续发展。在这一管理过程中，国家是公共财政管理的主体，各级人民政府的财政部门负责具体的实施。这使公共财政管理纳入了国家管理的范畴，凸显了其在国家治理中的重要地位。

公共财政管理肩负着促进国民经济协调有序发展的目标和使命。通过科学合理地配置财政资源，它致力于实现社会公共利益的最大化，同时优化公共管理，使社会资源的分配更加合理高效。特别是在社会主义市场经济体制下，公共财政管理发挥着至关重要的作用。它坚持以上述目标为基础，开展各项管理活动，以支持国家经济体制的持续发展和完善。在这一体制下，公共财政管理通过税收政策、支出预算、债务管理等手段，引导经济发展，推动社会公平正义，促进社会资源的均衡配置。

在社会主义市场经济体制下，公共财政管理致力于实现以下目标。

1. 构建良性循环的公共财政运行机制

公共财政收支的形式和相互作用构成了公共财政运行机制。这一机制在实现经济社会发展目标、提供公共服务和保障社会公平等方面发挥着重要作用。良性循环机制是公共财政运行的核心，其中包括规范的分税制财政体制和转移支付制度。公共财政运行的良性循环机制主要包括以下方面。

（1）规范的分税制财政体制。

第一，分税制财政体制是良性循环机制的重要组成部分。为了实现中央和地方财政权责明确、分工合理的目标，分税制财政体制需要不断完善。这包括完善中央和地方税体系，使其能够适应经济发展的需要，并赋予地方税稳定增长机制，确保地方财力的可持续发展。

第二，转移支付制度也是良性循环机制的关键环节。通过税收返还和财力转移，转移支付制度促进欠发达地区经济的发展和贫困地区的保护性政策。这样可以缩小地区之间的财政差距，实现资源的合理配置，促进全国范围内的经济协调发展。

（2）多元化、多层次的财源结构。为了确保公共财政的稳定运行，多元化、多层次的财源结构至关重要。现实财源、效益财源、结构财源和替代财源等不同的财政收入来源，共同构成了财政的基础。这样的财源结构能够降低财政风险，提高财政收入的可持续性。

（3）多层次的公共财政预算管理模式。公共财政预算管理模式采用复式预算管理，将支出划分为经常性支出、综合财力和预算外资金等不同类别进行管理。这种管理模式有助于提高财政预算的透明度和科学性，实现财政资源的有效配置。

（4）规范化、法治化的公共财政管理。规范化、法治化的公共财政管理是新型公共财政运行机制的重要内容。加强财政法治建设，建立内部约束机制，构建健全的监督体系以及严格追究违法行为责任，这些措施有助于提高公共财政管理的效能和公正性，防止财政资源的滥用和浪费。建立健全的财政法规体系是确保依法理财的基础。通过制定和完善相关的法律法规，明确财政活动的法律地位和规范，保障财政活动的合法性和合规性。这将有助于提高财政管理的规范性和透明度，为公众提供更好的财政信息公开和监督的基础。

2. 建立有效保障公共财政收入合理增长的机制

公共财政管理与公共财政收入息息相关。公共财政管理的质量和成果直接受到公共财政收入的影响。公共财政管理水平的好坏直接决定了公共财政收入的水平。身为资金管理主体，公共财政部门投放财政资源用于各项建设资金，并且有效地监督和管理财政资源个体，以提高财政资源的经济效益。

更重要的是，公共财政部门在保证财政收入合理增长机制方面发挥着积极的作用。他们不仅是资源的管理者，也是策划者和执行者。他们通过精心制定的政策和措施，确保财政收入稳步增长。具体表现如下：

（1）强化税收的征管。在加强税收征管方面，政府正在采取更加坚决的措施。税务稽查和财政监督力度得到了进一步加强，以打击偷税和骗税行为，防止税基侵蚀，从而提高税收征管的效率和力度。高收入行业和个人所得税的征管也受到更加严密的监控和稽核。针对高收入行业和高收入者，政府加强监管措施，以防止逃税现象的发生，确保税收的公平征收，让每个人都按法规缴纳税款。

积极清理欠税问题，并鼓励纳税人及时足额缴纳税款。这样的举措有助于确保税收制度的公平和透明，减轻企业和农民的不合理负担，营造一个更加公正的税收环境。优化财政资金的使用效益，政府在收费和基金分配秩序进行整顿工作。通过提高税收制度的公平性和透明度，确保财政资金的合理分配和使用，进一步优化经济发展环境，为公众提供更好的公共服务。行政事业性收费和基金的审批和监督机制得到了加强，预算外资金管理体制也在不断完善，以提高财政资金的管理水平，保障资金使用的合法性和透明度。

提高财力综合运用水平。这包括集中财力调配权，对各种资金使用进行财务监督，吸引和活化社会资金。通过统一和完整的财权管理，能够确保为优质的公共服务提供充足的财政支持。

（2）统筹安排公共财政预算外资金，增加政府可用财力。各企事业单位管理预算外资金的方式是采取了“专户储存，计划管理，财政审批，银行监督”的综合措施，实现以下具体目标：

第一，规范投放。规范预算外资金的使用，避免不必要的浪费，并将其集中用于发展重点社会公益建设事业，以提高公共设施的质量。

第二，合理分配。预算内外的资金需要相互衔接，以协调其使用。预算外资金的引入可以解决预算内资金不足的问题。这种相互衔接的方式能够确保各项资金得到有效利用，以满足各项公共事业的发展需求。

第三，有效使用。这些资金主要用于增加基础设施的投入，支持社会公共事业的发展，促进农业生产和企业技术改造。通过这些投资，政府希望能够提高基础设施建设的水平，支持社会发展的各个方面，以及促进农业和企业的可持续发展。政府还积极参与产业和产品结构性调整，以推动地方经济的发展。通过参与产业和产品的调整，政府希望能够促进地方经济的结构优化，提升经济的竞争力，实现经济的可持续增长。

（3）加强预算收入征管质量的监督。这包括对地方税务部门征收各类税收的情况进行监管，以及监督公共财政部门对非税收入的征收情况。除了对税收部门的监督，还需要对下级财政缴纳上级财政预算收入的情况进行仔细监控。这确保了预算收入的准确汇缴，为国家财政收支的平衡提供保障。同时，本级国库对本级预算收入的收纳、划分、留解和退付等方面也需要妥善处理，以确保财政资金的安全与合理利用。监督企业财务也是非常重要的一环。为了更加全面地掌握企业财务情况，政府应当审查企业年度会计决算审计报告，以有效监督企业的财务活动。这样做不仅有助于发现并纠正企业可能存在的财务问题，也为建立健康的市场经济秩序提供有力支持。

（4）构造本级预算支出的有效监控机制，建立一个平衡、稳固的国家财政体系。这个体系应突出公共财政管理的特色，并将加强公共预算支出的公共管理作为紧迫任务。同时，为了提高公共财政资金的使用效益，需要采取措施确保资金使用合理、有效。这包括优化预算分配机制，加强预算执行监督，推动预算资金的科学配置和精细管理，还应加强对预算支出过程的监控和审计。监控机制可以通过建立内部控制制度和风险管理机制来实现。审计则可以通过定期进行预算执行审计和绩效审计来加强对预算支出的监督，确保资金使用符合法规和规章，并达到预期的效果。还需要加强对公共财政信息的披露和公开，提高透明度和问责制度。这可以通过建立财政信息公开平台和加强相关法律法规的制定和执行来实现。只有通过有效的监督和控制机制，才能确保预算支出的有效管理和财政运作的稳定。

（5）确保公共财政收支平衡。在中国国情下，确保公共财政收支平衡是一项客观要求，也是实现国民经济综合平衡的重要条件。这意味着政府需要在财政管理中保持支出与收入的平衡，以确保国家财务的稳定和可持续发展。要实现预算收支平衡，首先需要考虑预算编制的平衡。这一过程需要政府积极稳妥地确定收入计划和公共预算支出计划。在确定收入计划时，政府需要综合考虑国家经济情况、税收政策和其他收入来源，以确保预期的收入水平与实际需要相符。同时，公共预算支出计划的确定也要综合考虑国家发展战略、民生需求和经济可行性等因素。在编制预算时，政府需要注重平衡各项支出，并确保资金分配合理、科学。这意味着政府需要在教育、医疗、社会保障、基础设施建设等领域进行合理投入，以满足社会公众的基本需求和改善民生。此外，还需要在经济发展、科技创新、环境保护等方面进行投资，促进国家的长期可持续发展。

为了实现公共预算收支平衡，必须采取增收节支的措施。这意味着要在财政管理中注重节约，提高资金使用效率，减少不必要的开支，并及时调整公共财政预算。一方面需要推行节约政策，鼓励合理使用公共资金，避免浪费和滥用；另一方面，需要积极探索增收渠道，提高财政收入，确保收支平衡的实现。

为了加强财政管理，有必要健全公共财政立法，并实行国家预算硬约束。这样可以确保预算收支指标的完成，并对那些违规行为进行经济制裁和法律追究。公共财政立法的完善是为了建立一个规范、透明、可控的财政管理体系，以保证财政收支平衡的实现。

为了确保预算收支平衡的真实性，需要正确核实各项收支，并准确、真实地编制决算。这可以避免虚假平衡和虚假财政收入的形成。必须坚持财务信息的真实性和透明度，防止财政数据的篡改和虚报，以确保公共财政收支平衡的真实性。

（四）政府采购制度

政府采购制度是指政府为满足公共利益和公共服务需求，通过一定的法定程序，向市场购买货物、工程或服务的一套制度和规范。它是政府行为的重要组成部分，旨在保证公共资源的合理利用、提高政府采购效率、防止腐败行为，促进公平竞争和经济发展。

1. 建立政府采购制度的意义

（1）政府采购制度是市场经济体制的有机组成部分，它能够实现资源的有效配置和公平竞争，同时也增加了政府采购的透明度。通过确立规范的采购程序和标准，政府能够更加科学地进行资源配置，避免浪费和不必要的支出。此外，政府采购的公开竞争性过程也能够促进市场的活力和竞争，为供应商提供公平的机会。

（2）政府采购制度能够提高财政资金的使用效益。采购过程的透明度增加有助于节约财政资金。通过公开招标、评标等环节，政府能够选择价格合理且质量可靠的供应商，确保采购项目的质量和效果。这种方式不仅减少了财政支出的风险，还提高了资金的利用效率。

（3）政府采购制度改革了财政支出的方式。通过引入市场化的竞争机制，政府能够实现价值和实物管理的结合，有效监督和控制财政资金的使用。政府采购的程序和标准规定了供应商的资质和条件，以及采购项目的要求和验收标准。这样一来，政府能够更好地管理和监督财政资金的使用情况，确保资金被用于合适的项目和用途。

（4）政府采购制度是防止腐败的重要制度性措施。制订明确的采购规则和程序，加强采购过程的监督和公开，能够增加透明度，阻止不法行为，避免财政资金的流失。政府采购的程序和结果都必须依法公开，供应商和其他利益相关方都有机会监督和检查采购过程是否合规。这种制度性的防范措施能够减少腐败行为的发生，保护财政资金的安全。

（5）建立健全的政府采购制度有助于实现与国际接轨。随着全球化的加深，国际间的贸易和合作日益频繁。通过建立符合国际标准的政府采购制度，政府能够更好地参与国际采购市场，积累相关经验和培养人才。这为未来开放政府采购市场做好了准备，提高了我国在国际经济领域的竞争力。

2. 实施政府采购制度的必要条件

（1）专门的机构及人员。各国一般会成立专门的机构和聘请专业人员来管理政府采购事务。这些机构通常是公共财政部门的一部分，他们在政府采购过程中起着重要的监管和管理作用。

（2）明确规范的采购原则。这些原则包括货币价值最大化、公开、公平竞争、透明度、效率和防止腐败等。这些原则被广泛认可并普遍遵循，确保政府采购过程的公正和合法性。

（3）法定的采购程序。具体的采购程序应根据采购对象的数量、金额或特点来决定，可以采取招标方式或非招标方式。无论采用何种方式，都必须遵循严格的法定程序，以确保采购过程的合规性和透明度。

（4）权威的仲裁机构。仲裁机构主要处理招投标和履约过程中双方可能产生的异议或纠纷。他们负责解决涉及程序、协议条款和行为方式等方面的争议，确保采购合同的有效执行。

3. 政府采购的范围与程序

（1）政府采购范围。政府采购范围十分广泛，内容繁杂，通常按照采购对象的性质分为三大类，即货物类、工程类和劳务类。货物类包括原料产品、设备和器具等。工程类包括建筑房屋、兴修水利、环境改造、交通设施和地下水管的铺设等。劳务类则包括专业服务、技术服务、信息服务、营运服务、维修、培训和会务等。

（2）政府采购的程序。政府采购的程序通常包含三个阶段。首先是确定采购要求的阶段。在这个阶段，政府机构需要明确自己的采购需求，并制订详细的采购计划，包括所需物品或服务的规格、数量、质量标准等。其次是签订采购合同的阶段。一旦采购需求确定，政府机构将发布采购公告，接受潜在供应商的投标，并最终选择中标者。中标者将与政府机构签订正式的采购合同，明确双方的权利和义务。最后是执行采购合同的阶段。政府机构根据合同的约定进行采购活动，监督供应商的履约情况，并对所购买的货物或服务进行验收和支付。

政府采购过程中，通常还会涉及其他重要环节，如信息发布、供应商资格审查、竞争性谈判、评标等。这些环节旨在确保采购过程的公正、透明和高效，保证政府资金的合理利用，并为供应商提供公平的竞争机会。

政府采购作为公共资源的分配方式，对于促进经济发展、提升政府服务能力、推动市场繁荣具有重要作用。因此，建立规范、透明和高效的政府采购制度是保障公共利益和市场公平竞争的关键。政府机构应加强对政府采购过程的监督和管理，确保法律法规的执行，提高政府采购的效能和公信力。

四、公共信息管理

公共信息在公共管理中扮演着重要的角色。公共行政管理的范畴包括信息的收集、整理和发布等过程。物质、能量和信息是现代社会与经济发展的三大基本资源。而信息资源作为一种能够不断再生的无限资源，其价值和作用正逐渐被人们所认识和深化。

随着计算机网络技术的飞速发展，现代社会已经进入了信息时代。对信息的获取、处理和传播的能力对于成为文明创造者、领先者和最强者至关重要。一个人或组织如果能够掌握现实世界各种信息的来源，并能够有效地利用这些信息进行交流，那么他们就能在竞争激烈的社会中脱颖而出。在现代信息社会中，信息是具有战略意义的重要资源。掌握和运用信息的能力已经成为决定一个国家、企业或个人竞争力的关键。信息的获取和利用能够帮助决策者更好地把握形势、预测趋势，从而制订更明智的战略和政策。信息的发布和传播也有助于促进公共参与、加强政府与民众之间的沟通，提高社会治理的效能。

（一）公共信息的特征

公共信息是社会中以政府为核心的管理主体，用于处理国家事务和社会公共事务的重要组成部分。其主要目的在于实现公共利益，将为人民服务作为其不懈的工作目标。在公共组织的管理中，公共信息扮演着至关重要的角色，它成为连接政府与公众之间的桥梁。通过有效传递公共信息，政府能够与民众进行良好的沟通和互动，从而更好地了解民众需求和关切，并能更准确地制订合适的政策和措施，以满足社会的期望。

公共信息不仅为公共管理服务，同时也为社会公众提供服务。它是一种广泛共享的资源，能够迅速为大多数人所接收、掌握和利用。这种共享性推动了信息的广泛传播和共同利用，从而产生了巨大的社会效应。

通过充分利用公共信息，可以改进公共部门的工作作风，使其更加高效、透明、负责，更好地为人民服务。努力确保公共管理不偏离公共利益的目标，始终维护社会的整体福祉。

在保护知识产权的问题上，社会制定了专利制度和知识产权制度，旨在鼓励创新和知识的产生，并促进信息的流通和共享。这些制度确保知识产权的权益得到妥善维护，从而激励更多的个人和机构参与创新活动。同时，这些制度也为公共信息的流通创造了更加稳定和有序的环境，推动了信息的持续传递和共享。

（二）公共信息管理的任务

在公共机构管理中，公共管理主体和公务人员承担着重要的责任，即收集、传递、整理和发布公共信息。他们的任务包括全面收集社会信息、建立健全公共信息工作规范以及加强信息整理研究工作。

1. 全面收集社会信息

要实现全面收集社会信息的目标，需要开辟广泛的信息渠道，并利用现代化技术手段积极收集信息。这意味着公共机构需要与各种信息来源进行合作，确保获取到全面而准确的信息。

2. 建立健全公共信息工作规范

在公共信息管理工作中，遵循规范性要求至关重要。这意味着公共信息必须真实、准确、及时地发布，以免造成信息污染和误导。公务人员需要确保审核信息的可靠性，并及时更新和纠正错误信息。

3. 加强信息整理研究工作

公共机构应客观地利用科学方法来整合信息，以保留原始信息的含义，并防止信息失真。这可以帮助公众更好地理解和利用信息，从而提高公共管理的效益。

政府应当建立网站和主页，提供非保密政府信息的检索功能，为政务公开提供方便的途径。通过这些渠道，公众可以更轻松地获取所需的信息，促进政府的透明度和公开度。另外，公众还可以利用公众电子信息系统来监督政府行为，加强与公共管理系统的互动沟通。这种双向的反馈机制可以帮助公众更好地参与公共事务，并促进政府更加负责和透明地履行职责。

（三）公共信息管理的内容

1. 公共信息机构人员的管理

加强公共信息管理机构建设，确保准确、迅速收集各方面公共信息。为了提高信息的准确性和响应速度，相关机构应当进行有效的建设和优化。这样一来，公共信息的采集、整理和传播将更加高效，并能满足公众和决策者对及时信息的需求。政府应设立专门公共信息机构，负责收集相关社会信息。这些机构应当拥有专业人员，并配备先进的信息收集工具。通过专门机构的运作，公共信息的收集将更加全面和系统化，有助于准确把握社会动态和公众需求。除了收集信息外，政府还应设立综合信息部门，负责对各类公共信息进行深入分析和整理。通过科学的数据分析与整合，政府能更好地了解问题本质，为决策提供科学依据，同时也方便向公众传递更全面、清晰的信息。为确保公共信息的高质量和安全性，必须建立健全相应的制度。明确工作流程、划分岗位责任，并设立严格的信息发布和保密制度，将有助于规范工作行为，防范信息泄露等问题。

为加强公务人员素质，需抓住这些关键点：①培养公务人员全局观念和职业责任感，关注公众利益；②提升公共信息意识，尊重客观事实，避免主观偏见的影响；③培养超前意识、战略意识和对有价值信息的敏感性；④培养开拓、探索和预测能力，提高对复杂信息的处理能力。

2. 公共信息文字和数据规范的管理

公共信息文字规范管理方面，需要制订详细的文字表达标准，包括语法、用词、格式等方面的规定。这些规范旨在消除信息表达中的歧义和模糊性，确保信息的传递能够精准到位，并且易于理解。同时，还应指定特定的词汇和表述，以确保政策解读和公告发布等信息的一致性，避免不同文字版本造成的误解。在数据规范管理方面，需要建立统一的数据收集、整理和存储标准。这些标准应包括数据格式、命名规则、数据更新频率等内容，以确保数据的一致性和可比性。此外，要注重数据的质量控制，及时发现并纠正数据采集或处理中的错误，避免误导公众和决策者。

公共信息文字和数据规范的管理还应注重信息安全和保密。相关机构要建立严格的信息访问权限管理制度，确保敏感信息只向授权人员开放，防止信息泄露和滥用。同时，要加强信息备份和灾备措施，以应对可能出现的数据丢失或系统故障，保障信息的持续可用性。

3. 公共信息载体与技术设施的管理

在当前信息时代，不同的载体具有不同的特点和应用场景。纸张载体的优势在于它能够提供便于阅读和长期保存的纸质文本。然而，随着科技的不断进步，电子类和激光类的高技术载体逐渐崭露头角。这些载体在信息存储、信息加工和信息传递方面具有独特的优势，但同样需要相应的机器设备的支持。在纸张和高技术载体并存的阶段，人们需要充分注意各种载体的特性，并善于利用它们之间的互补特点。例如，纸张承载的信息可以尽可能地转录到高技术载体中，以便更便捷地进行信息的处理和共享。同时，高技术载体中的信息最好也能备份在纸张上，以防止数据的意外丢失和过度依赖于某一种载体。

随着办公自动化的发展，各种信息技术设施得到了广泛应用。例如，缩微复制阅览设备使浏览大量纸张文档变得更加高效；声像播放设备使音视频资料可以轻松地被传输和共享；可视电话和电视电话会议技术使远距离沟通更加方便快捷；电子数据交换和互联网则为信息的传递和共享提供了更广阔的平台。然而，为了确保这些技术设施的正常运行和充分利用，需要建立相应的公共管理制度。这些制度应该包括设施的维护和保养，以确保它们能够长时间稳定地工作；设施的安全管理，以防止信息的泄露和损坏；设施的合理使用和资源分配，避免浪费和滥用。只有通过建立有效的管理制度，才能使各种信息技术设施在工作中发挥最大效益，为社会的发展和进步作出积极的贡献。

4. 公共信息处理过程的管理

（1）公共信息搜集。这是一项广泛、全面且准确的任务，它旨在搜集真实可靠的公共信息，并建立一个完善的信息网络，以便把握信息的流向和变动规律。这意味着需要广泛地收集各类信息源，并确保其可信度和准确性。通过建立一个有效的信息网络，可以及时了解到各种重要信息的动态，为决策者提供有力支持。

（2）公共信息加工。公共信息加工是对大量原始信息进行鉴别、筛选、分析、综合和浓缩的过程。这包括对收集到的信息进行核实和验证，对信息进行分类编排并存档，以便于适时、适量和适用地阅读、传递和存储。通过加工处理，可以使信息更具可读性和可理解性，方便各级决策者和相关人员进行利用。

（3）公共信息传递。公共信息传递需要建立短线路、畅通渠道和现代化技术手段，以尽量减少层次和环节，避免信息失真和干扰。这意味着要确保信息传递的高效性和及时性。通过建立畅通的信息传递渠道，可以确保信息在各级部门和相关人员之间迅速传递和共享，以支持决策和行动的有效实施。

（4）公共信息储存。对经过加工处理的信息进行登记、编码分类，并建立检索目录，分类存放保管，以便于查找和使用，同时也要确保信息的安全性，采取相应的措施来保护信息不被未授权的人员获取和利用。

（5）公共信息发布和使用。对于涉及国家机密的信息，需要严格管理，采取防泄密措施，以确保信息的保密性。同时，及时提供可供决策参考的信息，并提供信息咨询服务，以满足各级决策者和相关人员的需求。对于那些具有宏观调控和社会指导意义的信息，需要经过审批后公开发布，并利用大众传播媒介广泛传播，发挥其影响和指导作用。这样可以确保信息的广泛传播和有效利用，从而对社会发展产生积极的影响。

第四节 公共管理的改革发展

一、公共管理改革的理念

（一）变革理念来源——新公共服务

新公共服务是一种以公民为本的治理系统，旨在超越传统的新公共管理理论。它的理论基础源于民主和公民权的再度复兴、社区与公民社会模型以及后现代公共行政。

民主和公民权理论把重点放在积极参与的公民权上，强调个体在决策制定和政策实施中的积极作用。这种理论确保了公民享有平等的权力和参与决策的机会，为公众提供了更大的话语权和参与度。

社区与公民社会模型建立个人与更大范围社会的联系，强调社区和个人参与治理决策的意义。在这种模型中，社区被视为公民的聚集地，个人通过参与社区活动来实现自己的权益和责任。

后现代公共行政理论认为，事实与价值难以完全分开，价值观通常在公共事务中起到重要作用。在这种观点下，管理者需要考虑公众的期望、价值观和利益，将其纳入决策过程中。这种理论强调管理者应当更加注重公共利益的维护，并积极回应公众的需求和关切。

新公共服务在这些理论的基础上发展而来，旨在构建一个更加包容、民主和公正的治理系统。它强调公民参与、社区联系和价值导向的重要性，为公共服务提供了更为细致入微的指导原则。通过将公民权和参与放在首要位置，新公共服务为个体确保了在政府决策中的话语权和影响力。同时，它也在管理层面强调价值观的重要性，要求管理者更加关注公共利益和社会正义的实现。

（二）职能社会化

理想的社会管理模型需要多形态的公共组织共同治理。在理想的社会管理模型中，政府应该与各种形态的公共组织进行合作，实现共同治理。这种多形态的公共组织共同治理的模式可以充分发挥各方的专长和优势，提高公共事务管理的效率和质量。

政府应该尽可能地将公共事务交由社会管理，简政放权。为了提高公共事务管理的效能，政府应该主动将一些管理职能交给社会组织和民间力量。简政放权的措施可以减轻政府的负担，提高公共服务的响应速度和质量。政府应该通过合理的委托、授权和监督机制，确保社会管理的公正性和透明度。

逐步用间接管理取代直接管理，实现公共管理职能的社会化。传统的公共管理模式主要依赖于直接管理，即政府直接参与和管理公共事务。而职能社会化的关键在于逐步采用间接管理的方式，即通过市场机制和社会组织来实现公共管理职能。政府可以通过引导和规范市场行为，促进社会组织的发展和参与，实现公共管理职能的社会化。这种间接管理的模式可以更好地发挥市场和社会的作用，提高公共事务管理的效率和灵活性。

（三）公众满意理念

公众满意理念以公众的满足程度或感受为评价标准。公众满意理念认为，公共事务管理的最终目标是满足公众的需求和期望，提高公众的满意度。因此，公众的满足程度或感受成为评价公共事务管理成效的重要标准。政府和公共组织应该积极倾听公众的声音，关注公众的意见和反馈，以公众的满意度为导向，进行决策和改进。

以人为本的观念是达到公众满意的关键。这意味着在公共事务管理中，应该充分尊重和关注个体的权益和需求，注重人的主体地位和参与权利。政府和公共组织应该通过建立良好的沟通渠道和参与机制，让公众能够积极参与决策和管理过程，确保公众的利益得到充分保障。

将管理就是服务的思想贯彻实践，弘扬公共服务精神。公众满意理念倡导将管理视为一种服务，将公共事务管理看作是为公众提供服务的过程。政府和公共组织应该树立公共服务的意识和精神，注重服务质量和效果。他们应该以高效、透明和诚信的方式提供公共服务，确保公众的需求得到及时满足，并不断提升公共服务水平，提高公众满意度。

（四）低成本运行

谨慎核算行政成本，注重效能和行政绩效。为了实现低成本运行，政府应该进行谨慎的行政成本核算，确保每项开支的合理性和必要性。政府应该注重提高行政效能和行政绩效，通过精简机构、优化流程和加强绩效评估，提高行政资源的利用效率，降低运行成本。

禁止除公共税之外的其他行政性费用和不公平的行政负担。为了降低运行成本，政府应该禁止除公共税之外的其他行政性费用的征收，减少企业和个人的负担。同时，政府应该避免不公平的行政负担，确保各方面的利益公平平衡，避免过度损害某些群体的利益。

合理的机构设置和行政程序，科学定义行政主体的行为关系。为了实现低成本运行，政府应该进行合理的机构设置和行政程序的设计。合理的机构设置可以避免冗员和重复职能，提高工作效率。科学定义行政主体的行为关系可以减少决策的成本和时间，提高决策的准确性和稳定性。

建立政府管理绩效监测体系和评估机制，实现整体运行成本的最小化。为了实现低成本运行，政府应该建立健全的管理绩效监测体系和评估机制。这些体系和机制可以监测和评估政府的运行成本，发现问题和优化空间，推动运行成本的最小化。政府应该借鉴先进的管理方法和经验，不断改进管理方式，提高资源利用效率，降低整体运行成本。

二、公共管理改革的原则

公共管理改革的可行措施都要符合行政正义[1]的规范要求。公共管理的改革要取得显著的成效，得到多方的满意和利益的均衡实现，必须坚持以下六个基本原则。

（1）理论与实践相结合原则。在制订改革方案时，需要根据实际情况选择适合的理念和观点，而不是简单地照搬他国的模式。每个国家或地区都有独特的社会、经济和政治环境，因此，公共管理改革必须考虑到这些差异，并采取相应的措施。只有在理论和实践相结合的基础上，改革才能取得实际效果并取得长期成功。

（2）公共性原则。改革应该以公众利益和公正为核心，实现效率、公平和稳定这三个方面的平衡。公共管理改革的目标是提高政府的服务水平和效率，但同时也必须确保公众的利益不受损害。在制定政策和实施改革时，需要权衡各种因素，确保改革的成果能够使全体公民受益，并且不会对社会造成不稳定。

（3）人本性原则。这意味着要注重民主和谐，以人为本。公共管理的目的是满足人们的需求，因此，在改革过程中应该尊重公民的权利，鼓励他们参与决策，并确保他们的声音得到充分听取。此外，改革应该注重社会的和谐发展，关注社会公平和人们的幸福感，使公共管理真正服务于人民。

（4）统一协调原则。政府作为公共管理的主体，应该与非政府组织密切合作，确保他们以国家政策为导向，并充分发挥他们的作用。非政府组织在公共管理中具有独特的优势和专长，他们可以提供额外的资源和专业知识，促进资源的合理分配和市场机制的引导。政府和非政府组织之间的合作应该建立在互信和协作的基础上，以实现共同的目标和利益。

（5）精简效能原则。这意味着要减少机构之间的重叠和冗余，优化组织人员结构，避免资源的浪费。改革应该以提高效率和责任制为导向，确保政府机构的运作更加高效和灵活。通过精简机构，可以节约资源并提高服务质量，同时也可以减少政府的开支，使资源能够更好地用于满足公众的需求。

（6）灵活多变，可持续发展原则。改革不应该停留在一次性的成果上，而

[1] 行政正义，或者说组织管理合法、合理的标准，实际上是三维的，即行政管理乃至所有的管理本质上都要在效率、公平与稳定之间做好权衡，任何时候都不能丢弃任一价值标准。

是要不断推进和完善。社会和经济环境都在不断变化，公共管理也需要随之变化和适应。因此，改革应该具有灵活性，能够根据新情况和新挑战进行调整和优化。此外，改革也需要可持续发展的思维，注重长远的目标和效果，以确保改革的成果能够经受住时间的考验，并为未来的发展奠定坚实的基础。

三、公共管理改革的经验

（1）我国改革必须立足国情、理论联系实际和因地制宜，而这一点与政治体制和经济体制密不可分。政治体制和经济体制的性质和特点决定了改革的路径和方式。对一个社会主义制度国家来说，必须坚持把发展作为党执政兴国的第一要务。

（2）公共管理改革以发展为主线，着重解决发展过程中的问题和矛盾，推动国家治理能力现代化。因此，在制订公共管理改革方案时，必须充分考虑经济体制改革的要求和目标，确保两者相互促进、相互支持。

（3）为了实现公共管理改革的目标，需要采取重点突破、有所侧重和全面推进的策略。重点突破意味着要解决最紧迫和最关键的问题，集中资源和力量进行改革。有所侧重则要根据不同地区和不同领域的实际情况，有针对性地推进改革。而全面推进则意味着要在各个方面和层面上推动公共管理改革的进展。

（4）正确处理改革、发展和稳定的关系。公共管理改革的进程受到政治体制和经济体制改革的进展程度的影响。政治体制和经济体制的改革是一项复杂而长期的任务，需要统筹考虑各方面的因素和利益关系。因此，公共管理改革的推进必须与政治体制和经济体制改革相协调，相互促进。

四、公共管理改革的策略

（一）增进政府的回应能力

政府的回应能力对于提高政府服务质量至关重要。在现代社会，公民对政府的期望越来越高，因此政府必须积极回应公民的意愿和需求。这种积极的回应不仅体现了政府的负责任态度，也反映了政府对公众关切的关注。当政府能够快速、有效地回应公民的诉求时，公众的满意度也会相应提升。政府部门应该建立起高效的反馈机制，通过各种渠道收集公民的意见和建议，并及时回应和解决问题。这样一来，政府与公众之间的沟通和互动将更加紧密，公民参与政府事务的积极性也会得到激发。

现代社会的发展呈现出多样性和复杂性，不同群体和个体对社会经济发展的需求也各不相同。因此，政府需要灵活应对，积极适应多样化的发展需要。政府的角色已经从简单的管理者转变为社会发展的引导者和协调者。政府应该更加关注和研究社会的多元化需求，并及时采取相应的政策和措施来满足这些需求。政府可以通过开展调研和对话活动，了解社会各界的意见和建议，从而更好地把握社会需求的脉搏。

（二）国家与社会共同治理模式

政府必须引入社会上的非政府部门，以推动社会领域改革的全面胜利。这些非政府部门发展迅速，并积极参与社会发展的各个领域和方面。它们承担着政府暂时无法或尚未涉足的任务，并且得到政府的支持。为了有效运作，非政府部门需要获得独立地位和自治能力，同时受到相应的政策法规的约束。这样可以确保它们在履行职责时具有透明度和责任感。在深化政府行政体制改革的过程中，有必要整顿那些与政府有背景的非政府部门，以营造规范发展的社会氛围。

面对网络信息技术的迅猛发展和虚拟社会的特征，公民通过网络参与政治的程度将不断增加。因此，电子政务和电子政府建设需要得到进一步完善。通过直接、双向的网络交流和互动，政府部门可以提高其服务质量和效率，改善与公众之间的关系。然而，政府也应主动对网络参与进行软性引导。这意味着政府应该积极引导和引发公民在网络空间中进行有意义的讨论和参与，而不是仅仅接受公众的意见。这种软性引导有助于确保网络参与的有效性和建设性，同时保护社会稳定和公共利益。

（三）全面质量管理

全面质量管理是一种企业管理方法，其目的在于提高顾客满意度。它强调政府作为公仆的使命和服务意识，意味着政府应该以服务人民为中心。全面质量管理的核心理念是促进官僚权威的分权化和组织成员的创新行为。这意味着政府应该分散决策权并鼓励组织内的创新，使每个成员都能发挥其潜力。

全面质量管理的思想依据包括以下方面：

第一，以顾客为出发点来界定质量，这意味着政府应该从顾客的角度来思考，并根据他们的需求和期望来提供服务。

第二，改进过程。政府应该不断地寻求提高自身绩效和服务质量的方法。

第三，给予雇员授权。政府应该赋予雇员相应的权力和责任，使他们能够在工作中发挥自己的才能。

第四，建立长期的战略规划。政府应该有清晰的目标和发展方向，以便为未来提供指导。

第五，全面质量管理要求永不满足现状。政府应该持续改进和发展，以适应不断变化的环境和需求。

（四）政务公开

政务公开是民主政治发展的必然要求，也是人类政治文明的重要成果。它通过公开政府的信息和决策，满足人民当家作主的民主要求，并增强人民对政府的信任感。政务公开的核心目标是约束政府权力，使其在法律规定范围内行使职权，防止滥用职权和腐败行为的发生。政务公开的实施体现了为人民服务的宗旨。通过公开决策过程和信息，政府能够让民众参与决策，确保决策的民主化和科学化。此外，政务公开也有助于纠正偏差和失误，因为公众可以监督政府的行为并提出批评和建议。政务公开对于保证政府的透明度和责任制至关重要。通过公开信息，公众可以了解政府的工作情况和决策过程，从而监督政府的行为。政务公开还能够促进政府的问责制，如果政府的行为违法或不当，公众可以通过途径寻求司法救济。

（五）建立公私部门的合作伙伴关系

在现代市场经济中，公共组织与私营组织之间存在着多层面的关系。这些关系涉及所有权、调控、管制和合作等方面。政府不再是公共服务供给中的唯一主体，通过与市场、社会主体的紧密合作，形成政府购买服务、外包和协同治理等多种形态的公私部门合作伙伴关系。

第三章　公共管理能力与培养技巧（一）

第一节　公共管理的学习能力构成与培养技巧

人类的学习最早产生于原始社会，“学习不仅是人的本体存在方式，而且是我们每一个人最基本的生存能力和整个社会开启富裕之门的钥匙。”[1]在原始社会中，学习是通过集体生活和生产劳动来进行的。青年人通过参与生产活动，学习生产知识、思想意识和行为规范。然而，在原始社会中并没有专门的学习机构存在。因此，学习方式主要依靠口耳相传、实际模仿和集体游戏等途径。学习是一种凭借经验形成的持久行为变化。它包括明显的外部行为，如技能的掌握和行动的执行，同时也涉及内隐的思维活动和认知活动，如问题解决和创造性思维。学习是一个渐进的过程，需要时间和实践的积累。学习也可以看作是将外来信息内化的过程。个体通过感官接收外界的信息，然后通过大脑对这些信息进行加工和理解。这个过程涉及感知、记忆、思考和理解等认知过程。同时，学习也需要反馈信息的参与。个体通过接收来自环境的反馈信息，判断自己的行为是否正确，并进行必要的调整和纠正。认知发展也可以被视为信息的运动过程。个体在学习过程中，逐渐从简单的感知和行为层面上升到更高级的思维和理解层面。他们通过积累知识和经验，不断调整自己的认知结构，以适应新的情境和挑战。

一、公共管理的学习能力及其构成

（一）学习能力的必要性

读书学习是适应时代发展潮流的要求。对个人来说，每个人都需要深刻的理论武装和指导自己。只有通过广泛深入地学习各种学科和领域的知识，人们才

[1] 戴妍．学习的社会性研究 [D]. 西安：陕西师范大学，2016：1.

能真正把握时代的脉搏，站在潮流的前沿。正确的思想是理解形势的根本理论武器，它需要通过深入学习科学理论和哲学思想来培养。只有通过对科学原理和哲学思辨的深入探索，人们才能形成正确的思维方式和观察问题的角度，从而更好地适应时代的变革和挑战。

不断学习和适应形势是发展的内在需求，学习可以促进个人和社会的发展。在当今快速变化的社会环境中，只有不断学习和更新知识，人们才能跟上时代的步伐，适应新的挑战和机遇。学习可以拓宽人们的眼界，提高解决问题的能力，培养创新精神，从而为个人和社会的发展注入源源不断的活力。

（二）学习能力的构成

学习能力是一个人智力的核心，它通过学习动力和学习毅力驱动。学习动力是指个人对学习的需求、情感和兴趣的驱使。一个有强烈学习动力的人会感到内心渴望学习新的知识和技能，他从学习中找到满足感和乐趣，并且积极主动地追求更多的学习机会。然而，单纯的学习动力是不够的，学习毅力也是学习能力的重要组成部分。学习毅力是指确定学习目标并坚持不懈地克服困难的能力。一个有高度学习毅力的人能够设立明确的学习目标，并愿意付出努力去克服困难和挫折，坚持不懈地追求学习进步。

学习能力需要同时具备学习动力和学习毅力这两个要素。只有有动力并持之以恒地坚持下去，一个人才能够建立起强大的学习能力。对公务人员来说，提高学习能力并提升工作素质是至关重要的。他们需要转变学习观念，意识到学习不仅是为了应付考试或获得晋升，而是获得持续的个人成长和发展。他们应该关注学习的内化和外化层面，不仅要积极主动地通过学习获得知识和技能，还要能够将所学应用于实践，不断提高自己的能力和绩效。

二、公共管理的学习能力培养技巧

（一）注重公务人员自身的学习

作为学习的主体，公务人员需要以正确的认知来对待自己，改变学习态度，养成良好的学习习惯，并明确自己的学习目标，同时也要重视在学习中非智力因素的作用。但是，要使公务人员的学习能力建设活动真正落实并长期坚持，关键在于树立终身学习和自主学习的理念。只有这样，才能营造一种崇尚学习、重视学习的氛围，使学习融入日常生活，让学习成为一种自然而然的生活方式，不仅在学习中有所收获，还能将所学应用到工作中，使之生活化、工作化、常态化。

提升公务人员自身学习能力的策略如图 3-1 所示。

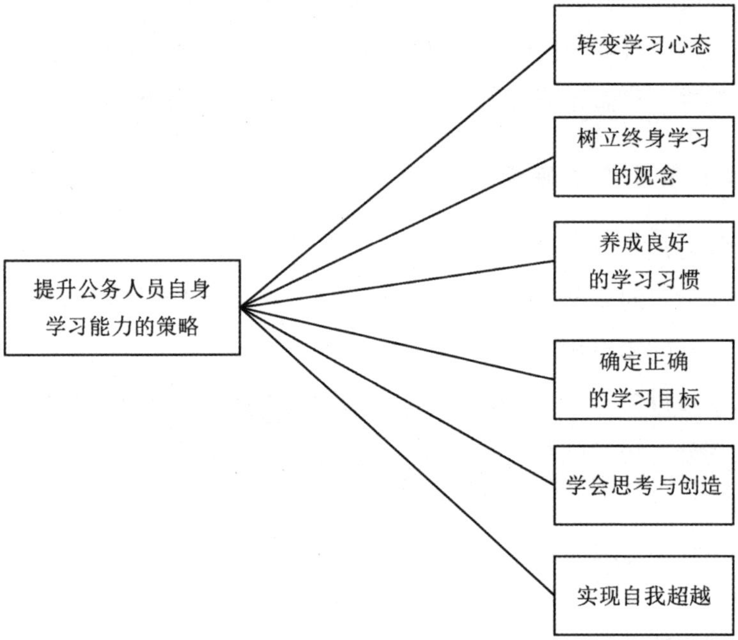

图 3-1　提升公务人员自身学习能力的策略

1. 转变学习心态

转变学习心态对提升公务人员的学习能力至关重要。因此，培养积极、开放的学习心态对于他们的成长至关重要。一个积极的学习心态使公务人员更愿意接受新的挑战和机遇，并且能够灵活应对各种情况。在面对困难和失败时，公务人员应该学会反省错误，并从中吸取经验教训，这是提升学习能力的关键。

2. 树立终身学习的观念

树立终身学习的观念对适应知识经济时代的要求至关重要。在全球范围内，终身学习观念已成为各国的共识。公务人员应该意识到，学习不再是一个阶段性的任务，而是一个持续的过程。他们需要时刻保持对新知识和新技能的渴求，并主动寻求学习的机会。特别是在面对快速变化和不确定性的时代，公务人员需要树立国际化思维观念。他们应该了解全球事务的发展趋势，并将这种洞察力应用于自己的工作中。

随着政府职能的转变和角色的重新定位，公务人员需要学习新的管理理念、管理方法和管理知识。现代政府越来越重视服务导向和创新，公务人员需要不断提升自己的管理能力和领导素质。他们应该学习新的管理理念，如协作式管理和灵活领导，以适应不断变化的工作环境。此外，随着全球化的发展，公务人员还需要了解国际事务和跨国合作的知识，以应对越来越多的跨国问题和挑战。

3. 养成良好的学习习惯

养成良好的学习习惯对学习的质量和效率有直接影响。良好的学习习惯能够带来学习的愉悦感，将所学知识应用到生活和工作中，创造成就感。

4. 确定正确的学习目标

确定正确的学习目标对公务人员来说尤为重要。正确的学习目标可以作为提升学习能力的动机和方向。当个人学习目标与组织的共同愿景相一致时，共同的愿望和理想可以帮助个人明确自己的学习方向。在追求学习目标的过程中，注重意志锻炼和品质修养是必不可少的。高标准要求自己，不断挑战自己的极限，以提高学习能力和素质。明确的学习目标可以激励、引导和提升个人的学习能力。在设定学习目标时，应该根据正确的思想要求和社会发展的需要来确定，以确保学习的方向和目标与社会的需求相契合。此外，个人还应该从自身的知识结构出发，将学习与自己的工作岗位和专业特长结合起来。这样做可以更好地将学到的知识应用到实际工作中，提高自身的综合能力。

5. 学会思考与创造

公务人员的职业特点和工作性质决定了他们需要具备博与专的知识结构。这包括政治理论知识、业务专业知识和一般性知识，同时还需要具备创新精神。公务人员的学习能力的强弱不仅表现在知识获取方面，更重要的是通过学习提高自身的能力。他们需要通过书本和实践来学习知识，掌握知识的广度和深度，并在实际工作中创造性地运用所学知识。

创造力是公务人员的一种必备能力，对他们的行为方式产生影响。思考是创造力的源泉，因此公务人员应该通过系统思考来深入学习。尤其是那些担任领导职务的公务人员，他们应该掌握系统思考的方法，从片面思维转变为整体思维、发散思维和系统思维。

公务人员需要勤于学习，善于学习，并掌握比较全面的知识。只有具备多方面系统知识，才能深入观察和把握事物的全貌以及工作的全局，在科学基础上增加思想认识和采取行动。这样可以增强他们的全局观念和工作的全局性和系统性，减少片面性，同时提高他们的学习能力。在提升学习能力的过程中，公务人员需要具备系统思考的意识和打破常规思维习惯的勇气。他们应该意识到系统思考的重要性，并敢于挑战常规思维的局限。这样才能拓展思维的边界，开阔视野，提升学习的效果。

6. 实现自我超越

自我超越是一种真正意义上的领悟，它意味着超越原有的极限状态，迈向新的境界。

（1）在公务人员的工作中，正确认识自己、了解自己是至关重要的。只有这样，他们才能有针对性地学习和提升自己。他们需要审视自身的能力、技能和知识，了解自己的优点和不足之处，以便在工作中取得更好的成绩。

（2）建立自信心和自尊心是关键。公务人员需要相信自己有能力应对现实的挑战和解决问题。他们应该培养一种积极的心态，相信自己的价值和潜力。自信心和自尊心将成为他们迈向成功的基石。

（3）公务人员还应该树立积极的自我价值观念。他们应该超越自我，不断挑战自己，不断追求更高的目标和更好的成就。只有这样，他们才能不断进步、不断超越自己的极限。要创建学习型组织，人们的价值观和思维方式也是至关重要的。公务人员需要拥有正确的价值观念，包括追求卓越、合作共赢、持续学习和创新等。他们还需要培养系统思维的能力，能够从整体的角度看待问题，发现问题的本质并提出解决方案。

（二）理论与实际相结合

实践是理论的源泉。理论依赖于实践发展，并必须接受实践的检验。在这个理念中，实践扮演着不可或缺的角色，实践为理论提供了宝贵的萌芽和验证的机会。理论不能脱离实践而存在，否则它将变得空洞无物。理论必须与实践相结合，只有在实践的指导下才能发挥其真正的作用。没有实践为依托的理论是没有根基的，它们无法应用于现实世界的具体情境。只有理论与实践相互交融，理论才能为实践提供指引和启示，而实践则为理论提供实证和基础。理论与实践结合有以下原因：

第一，有助于对知识的充分理解和记忆。通过将理论应用于实践中，人们能够更好地理解和掌握理论的实质。

第二，有助于知识的再创造和增长。通过实践的探索和验证，人们可以发现新的问题、提出新的观点，并为理论的进一步发展作出贡献。

第三，学习的目的在于应用，将知识技能转化为实际行动。理论与实践的结合能够使学习者将所学知识应用于实际生活中，从而产生实际的效果。

对公务人员来说，加强学习的针对性与计划性至关重要。他们应该将工作实践中遇到的问题带入学习过程中，将所学知识及时应用于实践中。这种学以致用、以用促学的目标可以帮助他们更好地发挥所学的知识和技能，提高工作的效能和质量。通过将学习与实践有机地结合起来，公务人员可以不断提升自己的能力和素质。

第二节　公共管理的写作能力构成与培养技巧

公文，简称公务文书，是处理公务事项所使用的文字材料。它具有法定效力和规范体式，在机关管理工作中扮演着重要角色，既是传达方针、政策、法规和信息的手段，也是工作的有力工具。对机关公务人员来说，具备良好的公文写作能力是其基本素质要求之一。公文的撰写需要运用正确的语言表达、准确的用词和恰当的格式，以确保内容的清晰、准确和规范。良好的公文写作能力可以提高工作效率，促进信息传递的顺畅和准确，帮助机关公务人员更好地履行职责。

一、公共管理的写作能力构成

（一）公文的特点

（1）政策性。公文在指导国家政治、经济、文化和社会治理方面具有重要意义和作用。公文必须符合党和国家的方针和政策，因为政策性是其核心特征之一。政府机关和团体发布的公文需要明确反映国家意志，为各个领域提供明确的指导，确保各项工作与国家整体发展目标相一致。这样可以推动社会稳定和经济发展，促进国家治理的科学性和有效性。

（2）权威性。公文由法定的作者制定和发布，代表国家与人民的根本利益，具有法定的权威和约束力。这意味着公文具有一定的法律效力，其内容需要被严格遵守和执行。公文的权威性保证了公民和机构对公文内容的信任，确保了国家决策的稳定性和可行性。

（3）规范性。公文的撰写和处理程序遵循统一的规范制度。这包括对公文体式、用纸等方面的严格要求，旨在维护公文的权威和严肃。规范性确保了公文的统一性，使读者能够准确理解和解读公文内容，避免歧义和误解的产生。此外，公文的规范性也体现了行政效率，使公文的处理更加高效和便捷。

（4）实用性。公文是机关和团体日常事务办理中不可或缺的工具。公文提供了必要的信息和指导，用于组织和协调各项工作。公文的实用性体现在其内容的针对性和可操作性上，能够为相关人员提供具体的办事指引和操作步骤。同时，公文可以根据实际情况进行调整和制发，以适应不同领域和时期的需求。

（5）时效性。公文针对特定问题存在于特定时间内，并且通常有送达期限。公文注重时间规定和时效性，强调工作的及时性和紧迫性。这是为了确保公文的有效传达和及时反馈，以支持相关工作的及时展开和决策的迅速执行。

（6）可靠性。公文的内容必须真实与准确，涉及的事实和材料必须经过核准，并使用可信的事实。这保证了公文的真实性和可信度，防止虚假信息的传播和误导。公文的可靠性是公民和机构对政府工作的信任基础，对于保持社会稳定和公平公正具有重要意义。

（二）公文写作的特点

（1）正式性。公文写作要求语言表达精确、规范，遵循一定的格式和规范。公文通常由政府、机关、企事业单位等正式机构发出，因此需要用正式的语言和格式表达，避免使用口语化或随意的词语。

（2）客观性。公文写作追求客观、公正的表达。在公文中，应尽量避免主观性言论和情感色彩的表达，而是要以客观事实、准确数据为依据，给出清晰明了的陈述。

（3）简明扼要。公文写作要求简洁明了，言简意赅。避免冗长的句子和长篇大论，尽量用简洁的语言表达要点，使读者能够迅速理解文意。

（4）统一规范。公文写作有一定的格式和结构要求，需要遵循一定的撰写规范。例如，公文一般包括标题、正文、落款、印章等部分，需要按照固定的布局和排版方式进行书写。

（5）注意文字的权威性和正式性。公文作为正式的文件，需要保持文字的权威性和正式性。使用词汇时要避免口语化的表达，使用恰当的专业词汇和术语，给人以严肃的印象。

（6）严谨准确。公文中的信息应该准确无误，避免错误和歧义。在撰写公文时，要仔细核对各项内容，确保信息准确无误。

（三）公文的作用

（1）传递信息和交流。公文是一种正式的书面文件，用于传达重要信息和交流。它们可以用于内部组织沟通，如在公司或政府机构内部传达政策、指示或通知。此外，公文还可以用于与外部机构或个人进行交流，如与供应商、合作伙伴或公众沟通。

（2）规范行为和程序。公文通常包含法律、政策或规章制度的规定和指导。它们为组织内的成员提供了明确的行为准则和程序，确保他们遵循正确的流程和操作方式。公文的书面形式能够确保这些规定和指导得到固化和记录，以便后续查证和执行。

（3）留存记录和证据。公文作为正式文件，为组织内部和外部的活动提供了留存记录和证据。它们可以用于后续的审计、法律程序、合规性审查以及对事实的追溯。公文记录的可靠性和准确性非常重要，因此在公文写作中应该注意清晰、准确、无歧义的表达。

（4）表达权威性和专业性。公文是由专业人员撰写的，以传达组织的政策、决策和要求。它们体现了组织的权威性和专业性，展示了组织对特定事务的处理能力和专业知识。公文的权威性和专业性有助于建立组织的声誉和信誉。

（5）引导行动和决策。公文可以用于引导行动和决策。例如，一份政府公文可以提出新政策或法规，以引导社会行为。一份内部备忘录可以给员工指示下一步的工作任务和目标。公文通过明确的语言和结构，提供了清晰的指导和要求，帮助人们做出明智的决策和行动。

二、公共管理的写作能力培养技巧

（一）提升政策理论水平

公文写作人员需要具备深厚的政治理论知识，因为政治理论水平直接影响着公文写作的成败。只有具备扎实的政治理论基础，才能在公文中准确把握政策要点，提出科学合理的建议和措施。

（二）培养良好的政治素质

公文写作人员需要具备良好的政治品质，包括明确的政治方向、坚定的政治立场、敏锐的政治洞察力和政治鉴别力。他们应该自觉地与党中央保持一致，并严守纪律和保密制度。这样他们才能够更好地表达政策要求，确保公文的正确性和可靠性。

（三）培养良好的文字功底

语言文字是公文的重要组成部分，因此公文写作者需要具备良好的文字功底。一篇好的公文应当具有主题鲜明、观点正确、论证合理、论据充分等特点。为了实现这些要求，公文写作者需要不断改进自己的表达能力，使公文更加简洁、实用和新颖。这样的改进可以增强公文的感染力和影响力，使其更好地传达政策意图。

（四）熟悉业务和机关工作情况

具备良好的业务知识和熟悉机关工作情况是撰写优秀公文的重要条件。一篇出色的公文需要公文写作人员具备深厚的专业知识，以便准确传递相关信息并满足读者的期望。只有掌握了业务的核心概念和机关的运作机制，公文写作人员才能够明确理解公文的目标，并在文中准确而有力地表达。

（五）拓宽工作知识面

为了写出高质量的公文，作者需要广泛拓展自己的知识面，包括社会科学和自然科学的相关知识，以及对所服务单位和部门的业务和工作情况的深入了解。

对社会科学的了解可以帮助作者分析问题，理解背后的原因和影响因素；自然科学的知识可以提供科学依据，使公文更有说服力。此外，通过深入了解所服务单位和部门的工作情况，作者能够更好地把握读者的需求和关注点，从而更好地满足读者的期望。

在选择公文材料时，应始终围绕着服务主旨。选取具有确定意义和充分表现力的材料是关键。作者应精心挑选材料，确保其与公文主题紧密相关，既能传递所需信息，又能引起读者的兴趣和共鸣。这些材料应当具备准确性和可靠性，能够为公文写作者的论述提供有力证据。

公文写作人员的知识面直接影响公文材料选择的质量，因此两者都应得到充分重视。公文写作人员应当持续学习和积累，不断增加自己的业务知识和相关领域的专业知识。这样他们才能够更加自信地进行公文写作，并能够从海量资料中选择出最合适的材料。通过对不同领域的知识的了解，公文写作人员可以更加细致入微地阐述问题，使公文更具深度和专业性。

第三节　公共管理的沟通能力构成与培养技巧

一、公共管理的沟通能力构成

沟通能力是指个体在进行沟通工作时所具备的优良主观条件。它包含了表达能力、争辩能力、倾听能力，以及形象、动作和环境设计等方面的能力。尽管沟通能力在表面上显现为外在的技能，但实际上，它是个人素质的重要体现，与知识、能力和品德密切相关。在沟通能力的要素中，涵盖了沟通的主体，也就是参与沟通的个体；沟通的客体，即沟通所涉及的内容或对象；沟通的介体，包括使用的工具和媒介；沟通的环境，指沟通活动所发生的背景和条件；以及沟通的渠道，指信息传递的途径和方式。“公共沟通属于情感治理的范畴，关乎国家与民众的情感联结，是基层治理价值理性的呈现。”[1]

[1] 刘宗劲．基层治理中的公共沟通：隐形逻辑、时代蕴意及实践路径［J］．云南行政学院学报，2021，23（3）：79.

（一）行政沟通的形态与作用

1. 行政沟通的形态

行政沟通是指在行政组织内外部之间进行信息交流、意见沟通和决策传递的过程。行政沟通的形态多种多样，以下是几种常见的形态：

（1）垂直沟通。垂直沟通是指在行政组织内部上下级之间进行的沟通。这种形态的沟通是为了传递管理指示、下达任务、报告工作进展等目的而进行的。上级通过垂直沟通向下级传达决策、政策和指导，下级通过垂直沟通向上级汇报工作情况、提出问题和寻求支持。

（2）水平沟通。水平沟通是指在行政组织内部同级之间进行的沟通。它可以促进部门间的合作、信息共享和协调工作。水平沟通有助于解决部门之间的冲突、促进信息流动和协同决策，提高整个组织的效率。

（3）内外沟通。内外沟通是指行政组织与外部利益相关者之间的沟通。外部利益相关者包括公众、媒体、合作伙伴、政府部门和社会团体等。内外沟通的目的是传递信息、获取反馈、建立关系和处理利益冲突。这种形态的沟通对于提高行政组织的透明度、建立良好的公众形象和获得外部支持非常重要。

（4）纵横沟通。纵横沟通是指行政组织内部不同层级和部门之间的跨界沟通。它可以打破垂直和水平的壁垒，促进跨部门的协作和信息共享。纵横沟通有助于加强组织内部的协调、提高工作效率和解决问题。

2. 行政沟通的作用

（1）行政沟通是实现行政决策科学化、民主化的重要基础，同时也是提高政府工作透明度和推动社会主义民主建设的重要手段。在决策制订过程中，决策者的知识、经验和观念对决策质量产生影响时，沟通就成为改变利益相关者态度、激励参与改革、提高信心和民主意识的有效途径。

（2）行政沟通是保证行政执行各环节顺利进行的基础，能够提高行政管理的效率。通过开放沟通与协调渠道，并善用沟通与协调技巧，可以实现绩效管理的提升，同时降低行政成本的发生。

（3）行政沟通是改善人际关系、鼓舞士气和增强组织凝聚力的重要手段。

通过沟通，不仅能够使信息在部门之间流通，还能够协调解决冲突与问题，减少沟通障碍，从而提高行政效率。

（二）沟通能力的地位、沟通过程与行政沟通的分类

1. 沟通能力的地位

沟通能力是当代社会中至关重要的品质。人与人之间的关系建立在有效的沟通基础上，而良好的沟通能力则能够提升个人的生活品质。不仅如此，沟通能力对组织和团队的工作也起着至关重要的作用。在一个组织中，良好的沟通能力能够提高工作品质，帮助成员更好地认清形势、做出有效决策，并建立共同的愿景和目标。无论是在哪个行业中，沟通能力都是非常重要的。无论是会计、社会工作者、工程师，还是医生、护士、教师、推销员，都需要具备良好的沟通能力才能胜任自己的工作。事实上，沟通能力是管理工作的灵魂，是提高工作效率、实现共同目标、满足各种需求的重要工具。它能够帮助管理者与员工之间建立良好的合作关系，促进信息的流动和共享，从而提升整个组织的绩效和创造力。此外，沟通能力对个人的身心健康也至关重要。良好的沟通能力能够给家人带来欢乐，使恋人之间更加甜蜜，并在孤独时提供安慰。它能够促进人际关系的发展，增加社交支持，减轻心理压力，并提高个人的幸福感和生活质量。

2. 沟通过程

沟通过程是信息发送者将信息传递给接收者的复杂过程，其中涉及个体的情绪、认知、态度等心理特征。这个过程不仅仅是简单的逻辑传递，而是一种理性和情感的混合交流。发送者需要明确自己的沟通目的，并将信息传递给接收者。这个过程中，发送者和接收者之间通过各种沟通渠道进行信息交流，可以是口头交谈、书面文字、手势或者面部表情等。接收者是信息的目标，他们需要将接收到的信息进行解码，转化成可以理解的形式。这个过程中，接收者会利用自己的经验、知识和背景来理解和解释信息。沟通过程的最后一个环节是反馈。反馈的作用是检验信息是否准确传达和被有效理解。通过反馈，发送者可以了解到信息是否失真或被曲解，进而进行相应的修正和调整。

沟通过程如图 3-2 所示。

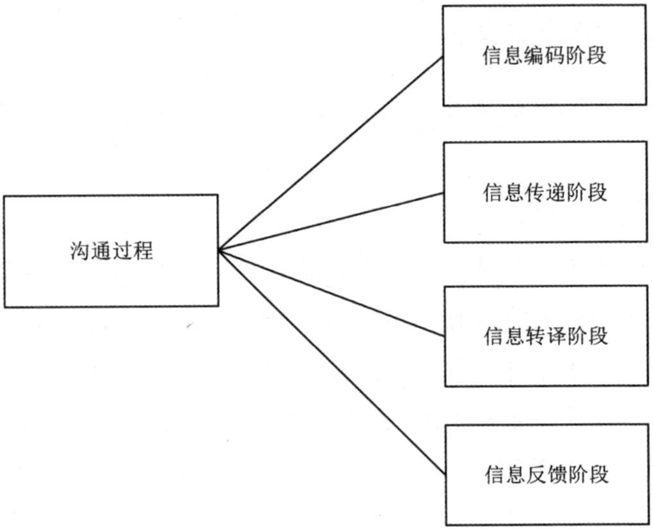

图 3-2　沟通过程

（1）信息编码阶段。有效沟通受到多种因素的影响。首先，发送者使用语言和非语言沟通手段是重要的因素。通过选择适当的词语、语气和身体语言，发送者能够更准确地表达自己的意思。其次，发送者的表达能力也是影响有效沟通的因素之一。如果发送者缺乏清晰明了的陈述能力，接收者可能无法理解其意图。最后，沟通双方的环境和知识背景差异也可能导致误解和困惑。

（2）信息传递阶段。选择适当的传播渠道至关重要。不同的信息可能需要通过不同的方式传递，如口头交流、书面文字或图形图像。此外，发送者还应该注意信息的负载量，避免信息过多或过少，以确保接收者能够理解和处理信息。同时，排除干扰因素也是非常重要的，如背景噪声、不恰当的时间和地点等。最后，确保信息的准确性和安全性也是信息传递阶段的关键要素。

（3）信息转译阶段。有效倾听是至关重要的。倾听不仅包括听取对方说话的内容，还包括理解对方的意图和情感。同时，倾听也需要避免倾向性和选择性接收信息。发送者应该尽量保持客观，并尊重接收者的观点和感受。

（4）信息反馈阶段。接收者的反馈起着纠正偏差和消除障碍的重要作用。反馈可以是口头或书面形式，通过提出问题、分享意见和建议来促进进一步的讨论和沟通。在这个阶段，解决问题和完成工作应该是双方共同的目标。双方应该以合作和开放的态度进行充分的探讨和沟通，以确保沟通的顺利进行。

3. 行政沟通的分类

行政沟通是一种旨在实现共同行政目标的过程。它涉及到行政组织之间的交流、行政组织与公务人员之间的互动，以及公务人员之间的意见交换、相互了解和共识寻求。这种沟通可以根据不同的标准进行划分，具体如下：①行政沟通可以根据沟通的组织结构进行分类，分为正式沟通和非正式沟通。②行政沟通可以根据沟通的方向进行分类，分为向下沟通、向上沟通和水平沟通。③行政沟通可以根据沟通的路线进行分类，分为单向沟通和双向沟通。④行政沟通可以根据信息的传递和接受方式进行分类。分为口头沟通、书面沟通和其他方式。

行政沟通在实现共同行政目标的过程中起着重要的作用。通过不同的组织结构、沟通方向、沟通路线和传递方式，行政组织和公务人员能够更好地交流、相互了解并达成共识，从而提高行政工作的效率和协调性。

二、公共管理的沟通能力培养技巧

（一）行政沟通水平的提高技巧

在过去几十年里，科学技术飞速发展，人民民主意识日益增强，公共部门职员和民众的需求变得更加复杂多样。同时，先进的管理模式也在广泛传播。这些因素共同推动人们逐渐认识到提升公共部门行政沟通水平的迫切性和重要性。面对现存的沟通障碍，需要进行有针对性的培养措施，以提高公共部门行政沟通水平。

1. 避免沟通信息失真

为了避免沟通信息失真，行政沟通过程中必须特别留意。信息失真可能对沟通水平造成负面影响。为了避免这种情况，内部沟通可以采用文件下发的方式，以确保信息的简洁明了。此外，可以考虑引入第三方决策咨询机构，他们可以提供相对独立的信息反馈，以避免信息失真对决策产生不良影响。

2. 选择正确的行政沟通方式

在选择行政沟通方式时，必须慎重考虑，选择适合特定情况的方式。了解对方的信息接收方式是至关重要的。每个人对信息的接收方式都有所偏好，因此了解并适应对方的偏好将有助于更有效地传达信息。对公共部门的领导者而言，他们应该灵活运用多样的沟通方式，并总结出适用的情况，以提高沟通效率和水平。通过不断的实践和经验积累，领导者可以逐渐熟悉各种沟通方式的优势和局限性，并能够在不同情境下选择合适的方式来达到最佳效果。

3. 搭建行政沟通传递通道

公共部门行政沟通的最终目的是为人民服务，为了达到良好的效果，需要拓宽沟通渠道，使信息传递顺畅。当今社会的信息化发展影响着行政沟通方式，公共部门应当普及信息化技术，通过电子政务来拓宽沟通渠道、提高效率。在这个信息化时代，公务人员需要适应电子政务环境，充分利用电子政务的便捷性进行行政沟通。通过使用电子邮件、在线会议和即时通信工具，他们可以立即与同事、上级和下属进行沟通，避免了传统邮寄和会面所需的时间和成本。

针对民众的行政沟通，公共部门需要开发和建设信息系统，包括民意反馈和在线答疑模块。这些系统可以让民众随时随地向政府提供反馈意见，并得到及时的回应和解答。这将增加政府与民众的互动和沟通，增强政府的透明度和公信力。为了确保行政沟通系统的正常运行，有必要建立规章制度来约束行政沟通行为。这些规章制度可以规定行政沟通的时限和方式，保证公务人员和民众都能在合理的时间内得到响应和解决问题。

行政沟通水平的高低直接影响到公共部门的日常工作进展。如果沟通不畅，信息传递不及时，可能会导致延误和错失重要的事务处理。因此，公共部门应根据不同情况和方式，积极解决沟通中的障碍。这包括加强对公务人员的培训，提高他们的沟通技巧和意识，同时也可以采用多种沟通方式，如面对面会议、电话沟通和在线交流，以确保信息的及时传递和沟通的有效性。

（二）非语言沟通的特性与运用技巧

非语言沟通是指以人体语言（非语言行为）而非自然语言作为载体，即通过人的目光、表情、动作、着装和空间距离等作为沟通媒介来进行人与人之间的信息交流。非语言沟通是人类在语言沟通之外进行沟通时的所有信号和线索。这些非语言行为包括：体态语言、身体语言、动作语言、无声语言等。非语言沟通是语言沟通的重要补充，能使沟通的含义更加清晰、明朗。

1. 非语言沟通的特征

（1）普遍性。运用身体语言进行沟通是人人具有的能力，人类自产生之日起就开始交流与沟通，在语言还没有被发明时，人们主要靠非语言形式沟通。在当下现实生活中，人们仍无时无刻不在运用非语言进行沟通，无论民族、国籍、性别、年龄差别都能对非语言符号有着较好的理解，这是非语言沟通的普遍性。

（2）真实性。在人与人的交往中，自然语言和身体语言共同承担着发出信息、传递情感的任务。然而，语言所传达的意思大多属于理性层面，经大脑理性加工后表达出来，往往不一定能表露出一个人的真正意思，而非语言沟通是人的大脑在进行某种思维活动时，大脑会支配身体的各个部位发出各种细微的信号，是人们交谈时自主或不自主地伴随的一些表情、动作的变化，这是人们难以控制的。

（3）组合性。非语言沟通常以组合的方式出现。就非语言交际符号本身而言，很少有某种符号孤立地去表达意思，尤其是手势表情等动态语言，往往以一两种符号为主，多种形态协调配合，综合构成一个信息，使接受信息的一方能全面理解，准确掌握传送来的信息。这一系列过程即为非语言沟通的组合性。在实际沟通过程中，非语言沟通符号一般出现于精细繁杂的表意丛中。这些表意包括语言、语调、姿势、身形、动作、客体和环境等。它们相互结合，与语言沟通符号一同构成了沟通的完整信息。例如，拳王争霸赛上，参赛选手通常两手紧握拳头，双臂交叉在胸前，两腿拉开一定的距离站立，两只眼睛狠狠地逼视着对方，全身肌肉紧张。这表明，人们的信息几乎都是由整个身体表达的，若非要身体的不同部位表达各不相同或矛盾的信息，是非常困难的。因而在认识某一非语言行为时，应尽可能完整地把握相关的所有非语言信息。

在日常生活中，我们都能从人的各种动作、表情、服饰仪表等符号信息中分析出人的气质、性格、个性，其原因就在于非言语沟通符号具有显著的受内在心理支配的特点。从心理学的角度讲，非语言沟通虽然是无声的语言，但却有着强烈的心理作用，而且往往非语言动作比语言的心理刺激还要强烈。

2. 非语言沟通的表现形式

（1）面部表情。面部表情多被人们视为是一种“世界语”。在面部表情中，应该特别注意目光、脸部肌肉、微笑的变化。

第一，目光。目光常作为非语言沟通的一种特殊符号，用来表达沟通者的思想感情。我们经常通过别人的眼睛来了解他们的感情。在人与人的沟通中，目光是最清楚、最正确的信号。

目光接触也是很有学问的，目光接触一般要注意：接触时间的长短、接触方向及瞳孔的变化。一般说来，目光接触时间大概占全部谈话时间的30% ~ 60%，否则会被认为是不重视或不礼貌的行为。说话人的目光方向向下，一般表示“爱护”；方向平视，表示“平等”；方向向上则表示“尊敬”。瞳孔的变化主要取决于心情，高兴的时候，瞳孔会放大；痛苦、厌恶的时候，瞳孔则会变小。

第二，脸部肌肉。脸部的许多小肌肉可以传递无数信息。面部肌肉松弛，态度和蔼，往往比较容易使人亲近；面部肌肉紧绷，板着面孔，往往使人产生距离感，很难接近。

第三，微笑。微笑是一种有效的沟通方式，一个美好的微笑可以增加人与人之间的信任感，缩短彼此间的距离，深化感情，融合气氛，为深入地沟通与交往，创造和谐、温馨的良好氛围。

（2）举止。举止主要包括：头部动作、手势、姿态、腿部动作等。

第一，头部动作。头部动作是人们经常使用的非语言沟通的方式，它往往能简单明快地表达意思，而且容易被对方确认。一般而言，“点头”表示赞成、同意、理解、承认的意思；“摇头”表示拒绝、否定的意思；“仰头”表示思考、犹豫的意思；“低头”表示陷入沉思或受到批评时低头认错的意思。

第二，手势。手势是身体动作中最核心的部分，也是使用频率最高、变化形式最多的非语言沟通形式。

第三，姿态。姿态是指身体姿势显示出的沟通信息。人的姿态可以反映出一个人的品位和文化修养，每个人的姿态都是内心涵养的外化。

第四，腿部动作。腿部信息的表露一般容易被忽视，但也是非语言沟通的重要表现形式。站立时两腿交叉，往往给人自我保护或封闭防御的感觉；说话时双腿和双臂张开，表示友好开放的意思；不断变换架腿姿势是焦躁不安的表现；坐着的时候不自觉地抖动小腿或后脚跟，表示焦躁不安，想要摆脱某种紧张感。

（3）身体接触。身体接触是非语言沟通的特殊形式，在握手这个平凡而简单的举动中，蕴含着人们内心的许多秘密，这些微妙的细节可以透露出对方处于怎样的心理状态：①如果在握手时发现对方的手掌微微出汗，那么很可能他处于兴奋或是不稳定的心境之中。或许他正在经历一件令他激动不已的事情，或是处于压力较大的情况下。②对方用力过大地握手，这往往表明了他的热情和对主导地位的强烈渴望。这样的人往往是非常自信的，他们渴望在谈判中占据主导地位，追求成功并表现出对事物的强烈控制欲。相反地，那些握手用力较轻的人可能是心怯或是傲慢的。他们可能不太自信或是在这次谈判中并不是特别重视或投入。③当对方在握手时将手掌朝下或是先凝视对方再握手时，暗示着他想在这次交流中取得主动优势地位。这种握手方式传递出一种强烈的意愿，表明他对掌控局势和控制谈判的发展有着明确的计划和目标。④在正式场合或是商务谈判中，人们通常会采用一种标准的握手方式，这样的握手不偏不倚，旨在传达出双方友好合作的意愿。这种标准的谈判握手方式是用手指稍稍用力握住对方的手掌，对方也回握同样的方式，握手时间大约持续 1~3 秒钟。这种握手方式表现出了双方在合作中平等且积极的态度，旨在建立良好的工作关系和友好的氛围。

身体接触能产生正面效应，也能产生负面效应，这要根据具体的文化背景、传统习俗、触摸的形式及双方的关系来确定。由于身体接触涉及近距离接触，容易产生敏感的反应，因此要谨慎对待。

（4）仪表。仪表通常指人的穿着打扮，包括仪容、服饰等，是人们文化素质和欣赏品味以及经济状况、社会地位、精神面貌的外在表现，是一个人自我形象的延伸和扩展。人们可以通过仪表了解他人。仪表是重要的非语言沟通途径。

第一，仪容。仪容是人的外表容貌，包括头发、面容、装束等。良好的仪容是尊重他人的表现，也是自尊、自重、自爱的表现。男士的仪容要整洁、潇洒；女士的仪容要端庄、大方。

第二，服饰。包括一般的服装和饰品。狭义的服饰仅仅体现穿衣戴帽，广义的服饰是对一种文化、文明的解释，是展示美、表现美的重要方式，每个人的着装，应根据自己的个性、爱好、兴趣、体型等选择适当的服饰，扬长避短，以通过服装来展现自我，提高自身的修养与品位。

3. 公共沟通中非语言沟通的运用技巧

（1）注重目光。在沟通中关注对方目光，或是善于使用目光交流，对于公务人员来说是很重要的非语言沟通方式，是沟通很重要的一环。“注视”反映了我们对他人的基本关注与尊重，不用眼神交流会给人一种对人不屑一顾的感觉。

（2）适宜的着装风格。良好的着装会让自己在沟通中有一个更好的状态，更有效地进行沟通。一般来说，在正式场合，男女着装主要应注意以下内容：

男士：①以西装为主，西装颜色选择黑色、灰色、蓝色等冷色调，会让男士显得更成熟。白色适合个子较矮的男士；②尽量选择名牌西服，名牌西服做工更考究，会让男士增添自信；③衬衫与西服整体颜色搭配好，烫熨平整；④领带的选择与整体衣装的搭配协调即可，最好采用同色系小花纹领带，非常正式的场合需要带领带夹；⑤黑色或棕色皮鞋，打上鞋蜡；⑥头发干净整洁；⑦带上一块好的手表。

女士：①套裙是最便捷又得体的选择，切忌超短裙；②不着艳妆，着淡妆；③发型简单整洁；④少佩戴过于艳丽和叮当做响的珠宝首饰，以免正式沟通时分散注意力；⑤选用清淡香水，不用也可以。

（3）恰当的身体动作。在人际交往中，人们的口头沟通经常要借助人体的各种姿态，包括身体姿态、手势、触摸等。一个人的身体摆出什么样的姿态，就表示他希望与对方进行怎样的沟通，因此恰当的身体动作是与他人顺利沟通的重要保证。

（三）上行沟通特性与运用技巧

上行沟通对一个组织来说是非常重要的，它是下级与上级沟通的重要渠道，如果下级的意见和建议能够畅通无阻地到达上级领导者那里，这个组织便处于良性运转的状态。上情可以下达，同时下情也可以上传，政策执行情况能够得到及时地反馈，可以帮助领导者及时调整决策，纠正错误的信息，进而达到完善政策的目的。

上行沟通是与下行沟通相对而言的，是指在组织或群体中由较低层次向较高层次进行的沟通。它是群体成员向上级提供信息、发表意见、反映情况的渠道。上行沟通运用到公共行政部门中则是指下级行政机关和人员按隶属关系与上级行政机关和领导人交流信息的方式。上行沟通是一个行政领导者了解和掌握组织全面情况，以作出正确决策的重要环节。因此，组织领导者应鼓励下级向上级反映情况，从而确保上行沟通渠道的畅通无阻。

1. 上行沟通的特点及要素

在上行沟通中，下属处于信息发布者的位置，而上级则成为接受者，这是一种信息的回流，上级的决策是自上而下流动的，在决策执行过程中，要想知道产生的效果如何，必须要经过自下而上的信息流动程序，由下属将决策执行情况反馈上去。在上行沟通中，虽然下属不具有像领导者那样强势的特点，但是信息的回流意味着主动权的转移。

上行沟通有以下特点。

第一，下属容易产生一种敬畏的沟通障碍心理，这种心理主要源于对领导者资历、经验、职位以及权力等因素的畏惧。一般说职位越高，下属对他的敬畏感就越强，对沟通的效果会产生一定的影响。上级对下级沟通是以权威为基础的，下属往往放不开，只能被动接受，因此，有时上级很难得到下级真实的反馈。

第二，上行沟通的成功与否与下行沟通模式密切相关。换句话说，领导者对上行沟通模式的选择可以决定上行沟通的成败。上行沟通具有启发性的特点，通常是在民主的氛围中，因为只有在民主的氛围中，下属才有机会向上级表达自己的意见。因此，能否实现有效的上行沟通取决于领导者选择什么样的沟通模式来与下属交流，二者互相制约，互相影响。

第三，下属在上行沟通中掌握主动权与控制权。在上行沟通中实现了对信息控制权的转换，下属掌握了较多的信息，即在行政行为过程中，上级相对于下级缺少充分的信息，下级拥有较多直接、真实的信息，相对上级具有信息优势的现象。这种情况下，下级可能有选择性地将信息传递给领导者，导致领导者处于比较被动的地位，失去了全面掌握信息，掌控全局的能力。但是，如果下属将全面真实的信息反映到领导者那里，这种上行沟通将是有效的。所以说下属可以决定是否将信息上传，或者可以选择传递什么样的信息给领导者，掌握了信息沟通的主动权。

2. 上行沟通的运用技巧

下属经常与上级领导进行有效沟通，是保持良好上下级关系的基础，不仅有利于组织效率和目标的实现，对自己将来的成功和发展也具有重要意义。在公共部门内部中，拥有完整的上行与下行沟通才是真正完整有效的沟通过程。下行沟通完成了决策的向下流动，决策的效果必须通过下属与上级的沟通才能顺利反映给领导者，因此，上行沟通同样也应该受到组织的重视，尤其是下属更应该掌握与上级沟通的艺术，真正意识到上行沟通对组织的重要性。

（1）正式沟通技巧。作为下属，只有保持与上级领导有效的沟通，进行有效的信息交流，才能产生良好的效果，进而帮助领导者提供正确的指导与帮助，同时也可以提高自身的工作效率和成果。因此，作为下属，如何与上级进行有效沟通，进而影响上级的决策，关键是要做到以下几点：

第一，下属一定要有主动性。要拥有良好的向上沟通的主观意识，因为领导者往往比较繁忙，很难抽出时间去主动找下属进行交流，在这种情况下，下属就要有良好的向上沟通的主观意识。一方面，上级十分希望下属能够主动向自己传递一些信息，比如政策执行情况、遇到的困难等，上级想要得到真实的信息来帮助自己调整现行决策，而下属的主动交流可以与领导者建立一种互动，以保证工作目标的实现；另一方面，下属埋头苦干固然重要，但是也要有效地展示自我，只有与领导保持有效的联系，才能让自己的能力得到上级的肯定和认可，也可以为自己赢得更多的发展空间和机会。

第二，与领导沟通要坦诚。在工作中遇到的困难要如实地反映给上级，不要对领导有所隐瞒或者欺骗，领导者期望得到真实的信息。下属要以开放和坦诚的态度与领导者交往，这样才会获得上级的信赖，才会用心去交流。领导者也是人，人是具有强烈感情色彩的动物，在感情和道理之间，人往往倾向于选择感情，下属只要坦率地将自己的建议以及真实感受反映给领导者，双方进行积极的互动，领导者最终会被下属的坦诚打动。因此，下属在沟通中要学会坦诚待人，奠定与上级沟通的坚实基础。

第三，要做到聚精会神、专心倾听。倾听对于下属和上级二者同等重要。在公共部门中，无论是下级听上级部署工作，还是上级听下级汇报工作，听都是最重要的技巧，倾听是下属获得信息的最好手段。

第四，要把握最佳的沟通时机。当领导者工作顺利、心情比较轻松的时候，成功的概率比较大，这就要求下属要善于揣摩领导者的心理，下属只有了解了上级的心理，才能方便地与他沟通。合理运用心理学规律与领导者进行沟通，以便更好地处理上下级关系，做好工作。

第五，下属在任何时候都要尊重领导的权威。领导者既然能够坐在领导的位子上，必然有某种优点，下属都得对上级尊重，尊重领导的权威。只有对领导怀着尊敬的心情，才能实现有效沟通。与领导交流时，要多采用委婉的语气，切不可意气用事，放纵自己的情绪，下属要有一个积极乐观的心态，来积极应对来自上级的语言或动作交流。与领导对话时，要显得精力充沛、光明磊落。

（2）非正式沟通技巧。

第一，在沟通场合的选择上并不一定是办公室，在休闲的过程中也可以解决大问题。双方在轻松的环境中进行交流，没有了紧张氛围及工作环境的压力，环境的变化也会引起上下级心理方面的波动，轻松的气氛会使人趋于平静，更容易在相互理解的基础上交换意见，实现上下级信息的沟通。因此，下属如果要与领导者沟通，就要选择合适的时间和地点。

第二，下属还可以选择非正式的沟通媒介。现代化沟通媒介的出现为我们提供了正式沟通以外的其他沟通方式，下属可以根据具体情况来选择不同的沟通媒介，通过非正式沟通渠道来解决上行沟通遇到的障碍。

（四）下行沟通特性与运用技巧

“下行沟通”指上级机关和领导向下级机关和个人传递信息。通过这种沟通，上级可以向下级下达计划、任务、指示、决议等，传达政策精神，通报动态和经验教训，提供形势参政，以及进行检查和督促工作等。其目的在于使下级清楚地了解组织目标和要求，与上级达成共识，并在行动中保持一致，共同努力实现组织目标。

1. 下行沟通的形式、要素与特点

（1）下行沟通的形式。下行沟通有两种形式：①单向沟通。单向沟通是指由领导者单向发布信息，下级很少有发表意见或者与领导者沟通的机会，比如报告、演讲、指示、命令等。②双向沟通。双向沟通是上下级双方交换意见，发布

信息与信息反馈等沟通活动，如交谈、协商、会议等。

（2）下行沟通的要素。完整的沟通过程是由沟通主体、信息、编码、通道、解码、沟通客体和反馈 7 个要素构成的，沟通主体是指信息的发出者或者来源；编码是指主体通过何种形式来传递信息的内容；通道也就是沟通媒介；解码是指接受者对信息的解释与理解；反馈是沟通的最后一个环节，是对主客体之间沟通效果的一种描述。

（3）下行沟通的特点。

第一，下行沟通可以增强组织的凝聚力，可以使下级部门和集体成员及时了解政府组织工作目标和领导意图，增强政府公务人员的向心力和归属感。领导者是组织的灵魂人物，他与下属的沟通可以协调政府组织内部各个层次的活动，加强组织纪律，他的各种安排都是实现组织目标的必要保证。

第二，领导者持有信息和信息渠道的控制权。下行沟通是领导者对信息资源的一种再分配，领导者拥有信息就意味着拥有权力，他可以按照自己的理念安排下属的工作，如工作的布置安排、人员的升迁调配、奖金福利待遇等。这些都使部下处于下行沟通中的服从地位。

第三，在组织结构中，上级相对于下属拥有着显著的沟通优势。这种优势表现在他们拥有更多的沟通机会和多样的方式选择，无论是正式的会议、工作报告，还是非正式的交谈、电子邮件等。上级作为领导者，拥有决策权和信息传递的主导地位，因此他们可以灵活选择沟通的时机和内容，从而掌握了沟通的主动权。

第四，在公共部门内，不同层级的职位造成了沟通地位的不对等和信息交流的不对称现象。高层领导通常拥有更多的信息来源和权力，而底层员工可能只能通过有限的渠道获得信息。这种信息不对称可能导致下属对组织的整体情况了解不足。此外，上级有权要求下属如实报告情况，但下级往往无权要求上级提供全部信息，这也导致了信息沟通的不平衡。上级的决策和计划往往会直接影响下属的工作和生活，然而下属并不一定能够全面了解上级的思考过程和决策依据。这种不对称可能导致下属对上级决策的理解有偏差，从而降低组织内部的凝聚力和信任感。

2. 下行沟通的运用技巧

一个好的领导者应该善于通过各种方式与下属沟通，沟通能力是领导者的基本素质。

（1）倾听技巧。在上级与下级的沟通关系中，“听的艺术”应该应用到上级身上，不过，这种“听”并不是听听就算了，而是要集中注意力站在说的人的角度去听，可以被称为“倾听”。这种倾听的技巧是要站在中立的角度，密切注意说话人所要表达的内容和情绪，这样才能使说话者畅所欲言，而听的人也可以掌握真实的信息，以此作为他作出决定和行动的依据。

倾听并不只是针对下属，领导者也需要倾听。倾听的时候，需要抛开自己的时间去理解别人，这对于工作繁忙的领导者来说并不是一件容易的事。因此，好多领导者都不擅长倾听下属的心声，长期下去，下属也会对领导者敬而远之，人为地建立起一座沟通的屏障。真正善于倾听的领导者毕竟还是少数，因此乐于并善于倾听下属成为一名领导者必备的优秀品质，也是与下属沟通的有效技巧之一。倾听可以拉近领导与下属的关系。

领导者要善于用点头或附和来告诉对方，自己正在洗耳恭听，不要在对方还没有说完的情况下就打断他，抢着发表自己的意见。这样，下属才会畅所欲言，领导者也可以提取出重要的信息来促使双方更好地沟通。

（2）语言技巧。作为领导者，必须有较好的语言表达能力，积极主动与他人进行语言沟通。领导者在下命令的时候，要注意征求下属的意见和建议，不能太过于专断、独裁，要注意进行双向的交流，多采用商量的语气，尽量使组织的决定趋于民主，鼓励下属参与决策的制订并发挥其独立自主的能力。

领导者在批评时有三种表达方式：①先鼓励，后批评；②先批评，后鼓励；③去掉转折词。作为一名领导者，应该更多地表扬下属，每个人都喜欢听赞美的话，领导者要学会赞扬别人，这样会激励下属更加努力地工作，当下属有杰出表现时，对他们的表扬将会使他们认识到自己的重要性。

在管理过程中，感情有时候能够起到比理智更大的作用。上下级之间有了一定的感情，就会减少误会，增加信任，上下级之间同心同德，上级多为下级着想，下级主动为上级分忧，即使产生了纠纷也容易消除。语言交流是人与人之间沟通的主要方式，领导者与下属交流的时候应该注重语言的使用。如果对待下级总是盛气凌人、颐指气使，往往使上下级关系产生难以弥补的裂痕，也给生产、工作带来巨大损失。对待下属要运用尊重的语言及友好的态度进行有效沟通，不能总是训斥，要照顾到下属的面子和自尊心。不懂得语言艺术的领导者很难激发下属的工作积极性。

（3）行为技巧。作为一名领导者，不仅要掌握用耳、用嘴去沟通的技巧，更为重要的在于“行动”。领导者要以身作则，用自己的实际行动来实现组织的发展目标，在组织中起到表率作用。因此，优秀的领导者都非常注意自己的行为举止，重视用行动说话，做到言行一致，身体力行。只有这样，领导者才能真正做到与下属的沟通交流，领导者才能真正将自己的思想辐射给周围的人们，引导他们追随自己，为共同的目标而奋斗。

第四节 公共管理的情绪控制能力构成与培养技巧

一、公共管理的情绪控制能力构成

情绪是身体对行为成功的可能性乃至必然性的评价和体验。它包括喜、怒、忧、思、悲、恐、惊七种，通过身体动作表现出来。情绪与信心密切相关，与外向认知和外在意识协调一致。情绪控制能力是培养情绪智商和驾驭情绪的能力，通过认识、协调、引导、互动和控制个体和群体的情绪来实现。具备情绪控制能力可以确保个体和群体保持良好的情绪状态，并产生良好的管理效果。这意味着在工作和生活中，人们能够适当地应对挑战和压力，以积极的心态与他人互动，并有效地解决问题。通过发展情绪控制能力，个体能够更好地管理自己的情绪，促进团队的协作与合作，并在各方面取得成功。

（一）情绪控制能力的范畴

情绪控制是指以适当的方式，在适当的时机向适当的对象表达情绪。这种能力是情绪智慧的重要组成部分，它包括五种关键能力：自我觉察能力、自我调控能力、自我激励能力、他人情绪识别能力和处理人际关系的能力。

（1）自我觉察能力是指了解自己内心想法和直觉的能力。它要求个体对自己的情绪状态和情感反应有清晰的认识，能够理解和分析自己的情绪来源以及对不同情绪的偏好。这种自我认知能力是建立情绪智慧的基础。

（2）自我调控能力是指控制情绪活动和抑制情绪冲动的能力，它对个体的工作、学习和生活产生着深远的影响。具备良好的自我调控能力可以帮助人们在面对挑战和压力时保持冷静和理性，从而更好地解决问题和应对困难。

（3）自我激励能力是指引导自己朝着预定情绪倾向发展的能力。这种能力要求个体具备自我指导和自我控制的能力，能够调动内在的动力和积极情绪，以实现个人的目标和愿望。

（4）他人情绪识别能力是指通过同理心，能够设身处地为他人着想，并深入了解他人内心世界的能力。它要求个体能够准确地察觉他人的情感状态，以便更好地理解和回应他人的需求和期望。

（5）处理人际关系的能力是指善于调节他人情绪反应，以使他人产生期望的反应，并对社交和受欢迎性产生影响的能力。具备这种能力的人能够有效地与他人交流和互动，建立良好的人际关系，并在各种社交场合中展现出积极的情绪表达。

（二）情绪控制能力的形态

（1）拒绝。拒绝是指人们通过拒绝接受情绪来控制自己的情绪。这意味着人们可以选择不让负面情绪影响他们的行为和情绪状态。

（2）压抑。压抑是指将情绪抑制在内心深处，不让其表现出来。这种形态下，人们可能会将负面情绪隐藏起来，不愿意表达或释放出来。

（3）替代。替代是指将负面情绪转化为其他积极的情绪。例如，当人们感到愤怒时，可能选择去做一些能够带来愉悦和轻松的事情，以转移注意力和改变情绪。

（4）升华。升华是指将负面情绪转化为积极的能量。这种形态下，人们可能会将消极的情绪转化为动力，用于追求自己的目标和成就。

（三）情绪控制能力的类型划分

情绪控制能力可以按照不同标准进行分类，其中包括按意识分类、按管理对象分类和按管理范围分类。

（1）按意识分类。按意识分类可以分为有意识的情绪控制和无意识的情绪控制。有意识的情绪控制是一种计划性强、目的明确的管理活动，通过有意识地采取行动来达到明确的效果。这种情绪控制需要个人有意识地调整自己的情绪状态，以适应特定的情境或实现特定的目标。与之相对，无意识的情绪控制是指那些偶发事件或自发反应，可以暂时地调节情绪，使之趋于平稳。

（2）按管理对象分类。按管理对象分类可以分为自身的情绪控制和对他人的情绪控制。自身的情绪控制是指个人对自己情绪的调节和管理，这有助于维持一个良好的情绪状态，使个人能够更好地应对挑战和压力。对他人的情绪控制则需要正确识别、理解和应对他人的情绪，以维持良好的人际关系。这种情绪控制能够帮助个人建立互信和合作，增进与他人的联系。

（3）按管理范围分类。按管理范围分类可以分为个人情绪控制和组织情绪控制。个人情绪控制对个人的生活和工作产生重要的影响。有效地管理自己的情绪，可以提高个人的幸福感和工作满意度，更好地实现个人目标。而组织情绪控制是指根据组织的目标对员工的情绪进行引导和控制，以提高协作性、工作效率和组织效益。通过组织情绪控制，可以激发员工的积极情绪，促进团队合作，最终实现组织的整体目标。

二、公共管理的情绪控制能力培养技巧

情绪控制能力强调以人为中心，关注管理向服务的转变，公共组织要在情绪管理方面注重人性化。为了实施以人为本的情绪管理，组织需要转变观念，加强沟通和服务意识。科学的情绪控制理念是利用正确的态度和技巧来管理人们的情绪，建立冲突预警机制，并充分利用情绪带来的积极价值，创造良好的公共组织文化氛围。这样做可以帮助员工开发他们自身的潜力，促进公共组织朝着既定目标健康、有序发展。

（一）自我情绪控制的方法

自我情绪控制的方法如图 3-3 所示。

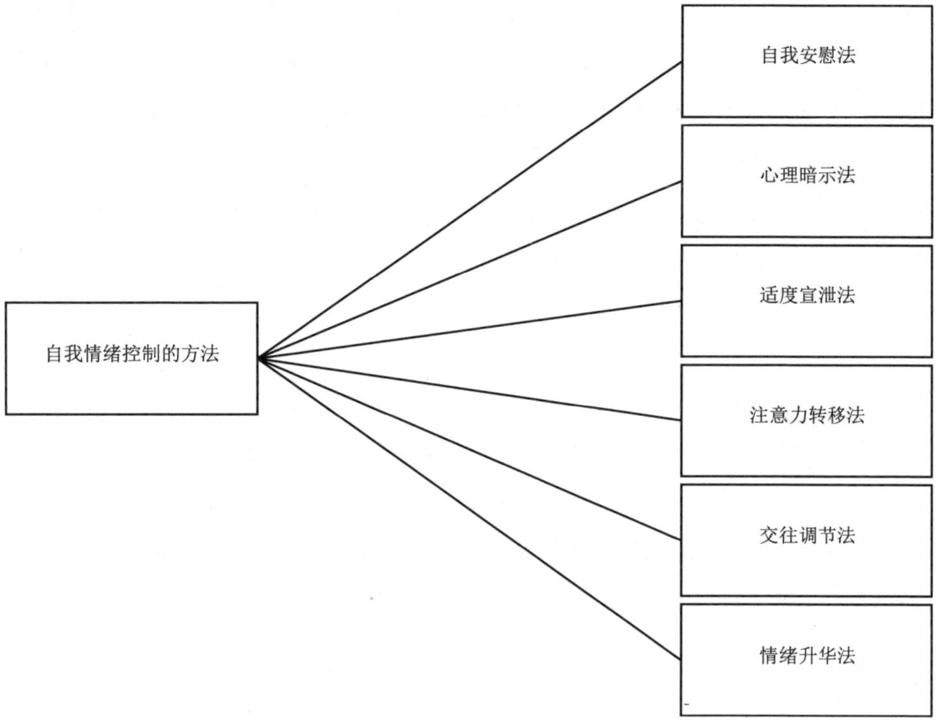

图 3-3　自我情绪控制的方法

1. 自我安慰法

自我安慰法是一种使用语言来进行自我安抚的方法，既可以摆脱烦恼、缓解冲突、消除焦虑、抑郁和失望，又有助于促进自我激励和总结经验，帮助人们保持情绪的安宁和稳定。通过对自己说出令人安慰的话语，一个人可以用积极的方式来平复内心的不安，使自己感到更加平静和安心。

2. 心理暗示法

心理暗示法是另一种强大的方法，可以通过无意识的暗示来对意志、心理和生理状态产生影响。积极自我暗示通过对自己反复灌输积极的信念和想法，可以维持良好的心情、乐观的情绪和自信心，激发内在的动力，增强主观能动性。消极自我暗示则是相反的，它会强化个性中的弱点，唤起自卑、怯懦、嫉妒等消极情绪，对情绪状态产生负面影响。

3. 适度宣泄法

适度宣泄法是一种有益的方式，可以帮助人们缓解紧张情绪并放松心理。通过宣泄不良情绪，人们可以释放内心的压力，减轻紧张感。然而，宣泄应该适度，需要选择适当的场合和信任的朋友，以避免可能带来的不良后果。此外，为了保持情绪的稳定，增强自制力也是至关重要的。人们应该避免随意发泄不满或不愉快情绪，而是学会控制自己的情绪，以更积极、健康的方式来应对困难和挑战。

4. 注意力转移法

注意力转移法是一种自我调节的方法，它能够将人们的注意力从引起不良情绪反应的情境中转移出来，转而关注其他事物或活动。这种转移可以帮助人们平静下来，并寻找新的快乐源泉。通过将注意力放在感兴趣的事情上，人们可以逐渐抛开不快，转而沉浸在积极的体验中。这种方法不仅可以阻止不良情绪的泛化和蔓延，还能通过积极参与活动来增进积极情绪的体验。

5. 交往调节法

交往调节法是一种在情绪不稳定时与他人进行交流的方法，具有缓和、抚慰和稳定情绪的作用。通过与他人进行谈话，人们可以倾诉内心的困扰和情感，不仅有助于释放情绪，还能增强战胜不良情绪的信心和勇气。人际交往可以帮助人们更理智地对待不良情绪，通过倾听他人的建议和观点，从多角度思考问题，找到应对困境的更好方法。

6. 情绪升华法

情绪升华法是一种将消极情绪引导向对个人和社会有益的方向，并将其转化为行为动力的方法。这种方法通过将不被社会接受的动机和欲望转化为符合社会规范和时代要求的行为，帮助人们摆脱消极情绪的困扰。举个例子，当人们经历失恋的痛苦时，他们可以通过将注意力转移到学习上，立志成为生活的强者，这样可以用积极的目标来克服失恋带来的消极情绪。情绪升华法不仅能够帮助个人获得心理上的满足，还能为社会贡献积极的力量。

（二）情绪管理的方法

情绪是指个体对本身需要和客观事物之间关系的短暂而强烈的反应。而在组织当中，公共管理领导者如果不能很好地进行员工情绪管理，那么将会导致公共组织的工作效率低下，从而影响公共组织的发展。

1. 建设公共组织文化，理顺组织情绪

对公共组织而言，建设积极、协作和团结的组织文化是必要的。有益于员工情绪的文化可以提高员工的归属感和工作满意度，进而激励他们以更高的情绪投入工作。为了实现这一目标，公共组织可以通过强调团队合作、开放沟通和奖励制度来鼓励员工参与、互动和分享。这样的文化将激励员工的高度一致情绪，从而提高组织的绩效和成果。

2. 引导员工情绪，开放沟通渠道

公共组织应该设立开放的沟通渠道，鼓励员工表达情感、分享观点和意见，促进积极情绪的传播与发展。这种开放的环境将帮助员工更好地理解彼此的情绪和需求，并增强情绪的传播与共鸣。此外，公共组织可以提供培训和指导，帮助员工学习如何管理和表达情绪，从而提高积极情绪的传播和发展。通过这样的努力，公共组织将建立起一种支持性的情绪氛围，有助于减少消极情绪的传播，促进员工的工作满意度和整体情绪健康。

3. 匹配工作条件，杜绝消极情绪

工作条件对员工的情绪和工作表现有重要影响。公共组织应该设计和提供适宜的工作条件，以满足员工的需求和期望，避免消极情绪的产生。这包括提供适当的工作资源、技术支持和培训机会，以帮助员工更好地应对工作挑战。此外，开放式的工作环境可以促进社会成员之间的交流和互动，增强员工的合作意愿和情绪联结。公共组织可以通过组织活动、团队建设和员工参与计划等方式创造一个开放、包容和支持性的工作环境，以促进积极情绪的传播和发展。

4. 培训情绪知识，增强员工理解

情绪知识和情绪管理能力对于员工在公共组织中的表现和成功至关重要。公

共组织可以提供情绪管理培训，帮助员工理解情绪的本质、影响和管理技巧。这样的培训将增强员工对情绪的认识和理解，提高他们在工作环境中的情绪智力和应变能力。通过提供情绪知识和培训，公共组织可以帮助员工更好地适应组织的需求和变革，提高员工对公共组织管理的理解能力，并为组织的发展和变革作出贡献。

5. 营造情绪氛围，提升个体感受

员工的情绪和工作效率之间存在紧密的联系。公共组织应该努力营造一个积极的情绪氛围，以提升员工的工作效率和心情。这可以通过认可和奖励员工的努力和成果，提供积极的反馈和激励，以及提供工作上的支持和资源来实现。此外，公共组织还可以通过定期组织活动、发放员工福利和团队建设等方式增进员工之间的情感联结和工作满意度。这样的努力将直接影响员工的留任意愿和对公共组织的发展作出贡献，进而促进组织的成功和可持续发展。

第五节　公共管理的协调能力构成与培养技巧

一、公共管理的协调能力构成

协调是领导者为实现组织目标所采取的措施和方法，旨在使组织内外环境以及各个部门和成员之间保持协同一致，相互配合，从而以高效的方式达成领导目标。在决策过程中，协调能力是领导者必备的一种才能。要成为优秀的决策者，领导者需要掌握一套科学的组织设计原则。

（一）协调能力的特点

1. 广泛性

在行政管理的全过程中，协调能力扮演着不可或缺的角色。协调能力的广泛性体现在其涵盖了组织、领导、决策、实施、督促、检查、总结和交流等环节。协调者需要在这些过程中运用智慧和技巧，确保行政工作的高效运转。而在范围上，协调的重要性更加凸显。

（1）协调必须在内部不同层级的政府或部门之间进行，只有各部门间密切合作，才能形成合力应对复杂问题。

（2）平行部门之间的协调也是至关重要的，这有助于消除重复工作，优化资源分配，提高整体效率。而地区之间的协调则能够促进区域间的均衡发展和合作共赢。

（3）行政协调还涉及与其他国家机关以及外部环境和工作对象之间的协调。只有与外部各方的合作与沟通有效无缝衔接，行政工作才能更好地服务于国家和人民的整体利益。

2. 客观性

协调能力的客观性体现在行政协调对象的客观性上。协调者必须深入了解各个协调对象的运作机制和规律，不能主观地任意行事，而要根据客观规律进行灵活应对。只有真正理解并尊重被协调对象的利益和意见，才能够在协调过程中获得更多支持和认同。通过行政协调的活动，有助于将原本混乱的行政系统转变为有序的状态。这一转变是协调者遵循客观规律的结果，而非个人主观意志的体现。行政协调不应该受个人情感和偏见所左右，而是要基于客观的事实和数据，寻求最合理的解决方案，以促进行政管理的高效运作。

（二）协调能力的功能

第一，规范功能。规范功能是行政协调的基础和前提。通过明确各部门的职权责任，实现规范化、有序化的管理，统一思想行动，有效避免混乱局面的出现。这样，组织内部的各项工作能够有条不紊地进行，保障组织的正常运转。

第二，调节功能。调节功能是行政协调的关键。行政协调有助于平衡组织与内外环境的关系，确保与各利益相关方保持和谐的合作氛围。通过与外部利益相关者的交流与合作，组织可以获得多方支持，实现共赢局面，更好地达成组织的目标。

第三，优化功能。优化功能是行政协调的经济支撑。科学的资源分配是行政协调的核心之一，它能够有效提高生产效率，增进经济效益，降低浪费。通过合理配置资源，组织能够达到最佳状态，发挥最大的潜力。

第四，凝聚功能。凝聚功能是行政协调的人力基础。行政协调有助于增强组织的凝聚力，促进各部门之间的紧密配合，激发团队合作的精神。它能够消除工作脱节和重复，使组织内部的合作意识和团队精神得到培养和提高。

（三）协调能力的作用

协调能力是一种至关重要的能力，它在许多方面对组织和个人都具有积极的影响。

第一，协调能力使化解矛盾成为可能。在复杂的工作环境中，不同部门或个体可能因为不同的意见或目标产生矛盾。通过协调，领导者可以促成双方的妥协，达成共识，从而化解矛盾，确保工作顺利进行。

第二，协调能力有助于聚集分散的力量。在一个大型机构或组织中，不同部门可能会各自为战，导致资源的浪费和效率的降低。但是，有了协调能力，领导者可以将各部门的努力汇聚在一起，形成统一的合力，提高整体绩效和效率。

第三，协调能力能够转化消极因素为积极因素。在工作过程中，可能会出现意外情况或负面因素，这些因素可能对工作产生不利影响。通过协调，领导者可以化解这些负面因素，将其转化为推动工作前进的动力，进而激励组织成员积极投入，实现更好的绩效。

第四，协调能力在动员组织群众和调动积极性方面发挥着重要作用。领导者需要善于激励员工，调动他们的积极性和潜力。通过有效的协调，领导者可以了解每个人的优势和特长，从而将员工的能力最大化地发挥出来，并且根据需要进行合理的资源配置。

（四）协调能力的内容构成

在行政组织中，由于公务人员在职位、视角和价值取向等方面的差异，常常产生人际关系的矛盾和冲突。为了建立一个协调和谐的工作环境，必须采取有效的行政协调措施来消除相互之间的隔阂和分歧，同时增进彼此的理解、信任和支持。这样做不仅可以提升行政系统的凝聚力和驱动力，还能确保行政运转的高效协调。行政协调的重要性不可忽视，其核心目标是促进团队内部的和谐合作以及组织整体的稳定发展。为实现这一目标，行政协调包含以下内容。

1. 内部关系的协调

在组织中，内部关系具有双重意义：①内部关系是组织运转的润滑剂。协调可以确保组织的正常运作。各部门需要相互配合，协同努力，避免出现冲突或信息传递的混乱。这种协调性可以有效地优化流程，提高工作效率，使组织内部保持高度的工作秩序。②内部关系包括组织内各个部门之间的协作与合作。在这种情况下，关键是要理顺工作关系和工作程序，使不同部门能够在紧密围绕中心任务和总目标的指导下共同合作。通过有效的协调，各部门之间能够形成协同一致的工作态势，共同为组织的整体目标而努力。

（1）左右关系的协调。在协调左右关系方面，涉及的是本组织与其他单位之间的协调。这包括与兄弟单位、友邻单位以及协作单位之间的协调。在建立良好的横向关系时，应坚持平等互利、和衷共济、共同发展的原则。通过有效的合作和沟通，促进资源共享，共同应对挑战，达成互利共赢的局面。

（2）上下关系的协调。在上下关系的协调中，涉及本组织与政府组织管理机关之间的关系，以及与下属单位或业务部门之间的关系。为了实现上下一致，必须建立畅通的双向沟通渠道。通过有效沟通，领导可以清晰传达组织目标和任务，而下属也能将实际情况及时反馈给领导，使组织能够更好地协调各级工作，共同完成目标和任务。

（3）领导之间关系的协调。不同领导可能因为认识上的差异和分管不同工作而产生不同意见。在这种情况下，行政部门起着重要的角色。行政部门需要全面地向领导成员反映情况，积极沟通不同的意见，并努力协调领导之间的关系。通过及时有效的沟通和协调，使领导之间的意见能够逐渐统一，问题能够得到妥善解决，从而推动工作的顺利进行。

2. 协调能力的类型划分

（1）对事的协调与对人的协调。行政协调需要明确各项事务在执行体系中的地位和作用。这涉及到区分轻重缓急，正确协调中心工作与非中心工作、规范性工作与突击性工作、上级布置的工作与本级计划的工作等关系。通过这种明确，政府机构可以更好地合理规划、有效执行任务，避免重复劳动和资源浪费。

同时，行政协调还需以符合国家的根本利益为原则，确保人际关系的协调符合国家整体发展方向，从而促进国家治理体系的有效运转。

（2）内部协调与外部协调。内部协调涉及行政组织内部的权力分配与管理，需要找到集权与分权的最佳结合点，以便机构内部各部门的职能协调顺畅。而外部协调则涉及行政组织与社会的关系。政府机构必须在履行管理社会任务的同时，确保自身发展趋势与社会需求相契合。此外，行政组织还需要与其他国家政权机关、政治组织等进行良好的沟通与合作，以维护国家间的和平与稳定。

（3）认识性协调与利益性协调。认识性协调涉及不同执行主体对同一行政目标可能存在的不同理解。为了实现整体利益，政府机构需正确处理国家利益、集体利益和个人利益的关系，同时平衡长远利益与眼前利益、全局利益与局部利益。公共行政行为应以实现国家利益为重，但也应兼顾集体与个人利益，倡导团结互助的精神。通过认识性协调，政府机构可以在政策制订与执行过程中增进各方的理解与支持。

（4）促进式协调与纠偏式协调。在行政管理中，促进式协调与纠偏式协调是必不可少的手段，以应对新生事物发展过程中可能出现的不平衡现象。这些协调方法有助于领导层有效地引导组织，保持稳定发展并适应变革。促进式协调是一种积极的协调方式，领导层在其中支持先进部门或个人，以各种方式激励后进部门或个人，以实现新的平衡。这样做有助于推动整个组织向前发展，并避免固守旧观念所带来的阻碍。领导们应该鼓励创新和积极进取的精神，让优秀的部门或个人成为榜样，激励其他部门或个人追求卓越。

然而，有时候不平衡可能来自一些破坏性的消极因素。在这种情况下，纠偏式协调是必要的。领导层需要勇敢果断地采取措施，消除这些破坏性因素，以维护正常的组织秩序。这可能需要采取坚决的行动来处理问题，不能姑息迁就任何可能对组织造成伤害的行为。这样的协调方式有助于保持组织内部的稳定与和谐。

（5）合作式协调与应变式协调。在行政组织中，合作式协调与应变式协调也是关键因素，确保各职能部门形成有机整体，共同为整体行政目标服务。合作式协调强调各部门之间的密切合作与协同，特别是在处理那些具有综合性质的行政行为时。这要求各部门齐抓共管，共同协作，确保整个组织的运作无缝衔接，不出现重复劳动或信息断层。通过合作，组织可以形成更高效的工作模式，更好地实现整体目标。

然而，即使经过精心规划和协作，决策中可能仍会存在缺陷。在这种情况下，应变式协调发挥着作用。这种协调方式是根据需要对决策进行灵活调整和修正，以适应新的情况或解决出现的问题。这可能涉及主动性协调，即领导层主动发现并解决问题，也可能是被动性协调，即基于下级反馈的处理。无论哪种方式，应变式协调都有助于使组织能够及时应对变化和挑战，保持灵活性。

（6）会议协调与非会议协调。会议协调是一种常用的形式，通常以座谈会、讨论会、汇报会等形式举行。这些会议的目的是在特定的时间和地点，将相关的组织和人员聚集在一起，共同探讨和解决特定问题或议题。为确保协调会议的有效性，应该吸纳与行政行为相关的组织及其人员参加，充分顾及各方的权益，避免独断专行的情况发生。

在协调会议中，与会者们可以面对面进行沟通交流，这有助于拓展思维，激发创新灵感，促进集思广益的决策过程。通过这种形式的协调，不同的观点和意见可以在公开透明的氛围中得到充分表达和讨论，从而为最终的决策提供了重要的参考依据。除了会议协调，还存在着非会议协调方式，这些方式更加灵活多样。个别交谈是一种常见的非会议协调方式，它适用于私下沟通、解决个人间的问题或就特定事宜进行讨论。此外，广播电视等新闻媒介也可以用来进行协调，通过这些渠道，组织可以向大众传达信息，让公众了解相关的政策、计划或决策。共同签字文件也是一种有效的非会议协调方式，通过文件表达各方的共识和意愿。

（五）协调的方法

在组织行政协调过程中，由于运用的方式、针对的对象以及权力大小的不同，行政协调的方法也各不相同。就当前组织行政管理而言，常用的协调方法如图 3-4 所示。

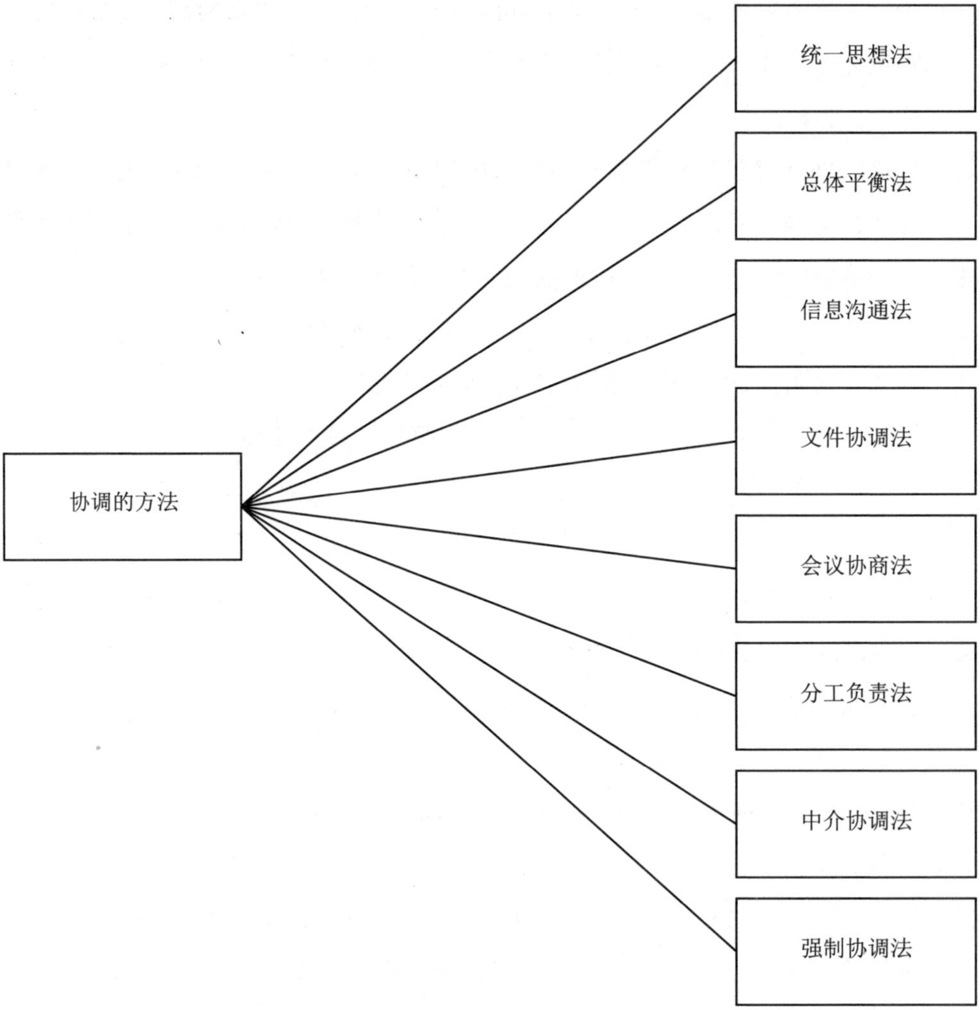

图 3-4　协调的方法

1. 统一思想法

在组织内部，成员之间由于不同的因素导致对经营管理目标存在着各自不同的理解。这种思想分歧和认识差异可能导致行动上的脱节，威胁到整个组织的利益。为了解决这个问题，需要进行深入细致的思想教育工作，采用多种方法来统一认识，既要尊重民主，又要实现思想的统一。

在组织转型的过程中，必须协调好各个部门和成员之间的关系，确保转型能够顺利进行。这就意味着需要在转型过程中进行思想的统一工作，让所有成员都认识到转型的必要性和重要性，共同朝着统一的目标努力。

2. 总体平衡法

现代组织的庞大和复杂使行政协调成为一个关键课题，而实现行政协调的重要手段之一就是总体平衡。总体平衡是一种协调方法，旨在维持组织与社会、各部门之间的稳定合理关系，实现整体运作的和谐。

在实践总体平衡时，需要处理好多个平衡关系，包括组织的外部环境与内部有效管理之间的平衡，管理幅度与层级的平衡，部门改革与整体发展的平衡，以及职权、责任与利益之间的平衡，同时还要实现管理部门与生产部门之间的平衡。总体平衡是一个动态的过程，需要具备全局观念和清晰思维能力。在实践中，可能会遇到各种障碍，但通过积极排除障碍，促进组织内多部门、多方向的协作，可以实现预定的目标。在总体平衡的过程中，领导者起着至关重要的作用。他们需要具备协调各方利益的能力，作出明智的决策，并鼓励团队成员共同协作，形成合力。

3. 信息沟通法

信息沟通法是组织行政协调的一种重要方法，它通过交流信息、传递资料等方式来促使组织各方了解真相、建立信任，并实现精诚合作。在信息社会中，组织依赖信息进行管理已成为现代组织的重要特征。建立多样化的信息系统可以帮助组织进行行政管理，提高效率，并保证管理效能的实现。

4. 文件协调法

文件协调法通过发布各种政策性、制度性文件等形式，规范各方行为，达到统一行动的目的。在发文方面，组织行政部门必须严格把关。对于涉及多个部门的文件，需要组织协商讨论，以达成共识并联合拟制文件。

5. 会议协商法

会议协商法是一种非常有效的组织行政协调方法。通过召开各种形式的会议，这种方法能够有效地组织、协调工作，解决矛盾，并最终达成共识。座谈工作的会议在这种方法中扮演着重要角色，它为多方沟通提供了一个平台，能够深入探讨规章制度、工作方法等重要议题，从而增进相互之间的了解。通过这样的交流，不仅能够加强工作的协调性，还能够减少潜在的矛盾，确保整体工作能够有条不紊地进行。

会议协商法采用解决问题的会议来针对具体问题进行深入讨论。这类会议需要进行充分的调查研究，从而能够制订出切实可行的解决方案。这些解决方案经过仔细的策划后，必须确保得到有效执行。这种问题解决会议的过程相对较为复杂，却是保证组织工作顺利推进的关键环节。会议协商法的优势在于它能够让不同部门或个体之间的意见交流得以顺畅进行。通过及时召开会议，各方面的信息和想法得以集中展示和交流，从而让参与者更全面地了解各方面的意见和观点。这不仅有助于减少误解和误读，还能够鼓励积极的互动和沟通。

会议协商法还能够培养团队合作精神。在座谈工作的会议中，各部门或个体需要协调一致地解决问题，这要求他们能够共同努力、密切合作。通过这种合作，工作中出现的问题得以迎刃而解，同时也加强了团队之间的凝聚力和信任感。

不仅如此，会议协商法还为组织提供了一个有效的决策平台。在问题解决会议中，经过充分的讨论和探讨，最终达成的解决方案往往是经过多方权衡和专业意见结合的产物，因而更加全面、可行。这样的决策过程不仅有助于解决当前问题，还能为未来类似问题的解决提供经验和借鉴。

6. 分工负责法

分工负责法是一种管理方法，其关键点包括合理分配责任、明确组织部门或成员的职责范围，以及避免推诿扯皮现象。这种方法的目的在于防止出现无人管理的问题，并确保在出现矛盾时有规章制度可依循迅速解决。

（1）分工明确。这意味着每个人或部门都应该清楚自己需要完成的工作内容和目标。这种明确性有助于避免无人管理现象，因为每个人都知道自己的职责，并能够主动地承担起相应的工作。

（2）权责相称。这意味着权力与责任相匹配。在分工负责的管理模式下，每个人拥有相应的权力来完成自己的任务，并且需要对其完成的结果负责。这种权责相称的原则有助于确保责任不被滥用，同时激励成员或组织部门积极主动地解决问题。

（3）协同合作解决问题。通过合理的分工和明确的责任，各个成员或组织部门能够在解决问题时相互协作，形成有效的团队合作。这种协同合作有助于更快地解决问题，提高工作效率，同时增强组织内部的凝聚力和团队精神。

7. 中介协调法

中介协调法适用于牵涉面较小、不复杂的问题，其关键点包括行政协调者以中介角色参与，为有关各方搭建沟通桥梁，使其了解问题性质和解决要求。在中介协调法下，具体问题由有关方面自行协商解决，行政协调者并不直接包揽问题解决的责任。

8. 强制协调法

强制协调法适用于存在直接隶属关系的协调，其关键点包括基于领导指示或上级发文的权威性，必须坚决执行，没有讨价还价的余地。这种方法通常在处理紧急情况或其他协调方式无效时被采用，并且根据问题的不确定性，可以灵活地采用不同的协调方法。

二、公共管理的协调能力培养技巧

在一个管理机构中，要确保高效的管理工作并激发干部职工的热情，协调成为不可或缺的关键要素。现代领导者必须具备协调能力，以平衡各种关系，并灵活运筹事物的发展过程。这种协调能力被认为是成功领导工作和提高工作效率的基本条件之一。它要求领导者全面考虑问题，掌握各种信息，善于运用中介手段，并采取适度的工作措施。这种能力综合体现了领导者的品德、智慧和实践经验。

（一）自觉学习，提高政治素养

在办公室公务人员需要提高政治素养方面，首先需要认识到办公室工作的政治性及其对协调工作的影响。协调工作的成败往往与协调者的素质和经验密切相关。因此，作为公务人员，他们应该自觉地学习重要思想、党的基本路线、方针和政策，始终与党中央保持高度一致。这不仅是对个人的要求，更是履行职责的责任。通过正确、科学的理论武装，可以帮助他们建立正确的世界观、价值观和人生观，增强政治意识，树立正确的政治方向。公务人员还应该培养自己的判断能力、政治敏锐力和应变能力。政治敏锐力可以帮助他们更好地把握政治脉络，灵活应对各种挑战。在协调工作中，他们需要善于处理各种复杂情况，做出准确的判断和决策。只有拥有这样的素养，才能更好地履行职责，有效地推动工作的开展。

（二）丰富知识储备，提高业务素养

为了提高业务素养，公务人员需要丰富知识储备。他们应该认真学习各方面的知识，不断提升自己的思维能力和口头表达能力。在办公室协调工作中，往往需要解决复杂多样的问题，因此需要全面了解各个领域的知识，以便更好地分析和解决问题。只有掌握了充足的知识，才能在工作中游刃有余，做到胸有成竹。同时，公务人员还应该掌握相关法律和社会科学知识。这是因为在协调工作中，他们往往需要处理各种矛盾和问题，必须遵循依法办事的原则，维护国家利益、公共利益和人民群众的根本利益。只有遵循法律和科学的原则，才能做到客观公正地处理事务，确保协调工作的顺利进行。在协调工作中，公务人员还需要具备统筹兼顾的能力。他们可能需要处理来自各方的利益诉求和矛盾冲突，这就需要他们在决策中兼顾各方利益，找到最大公约数，寻求共赢的解决方案。只有这样，才能确保各项工作的平稳推进，取得良好的工作成效。

（三）自觉磨炼心智，提高心理素养

第一，培养坚强的意志和自信心。面对各种挑战和压力，拥有坚强的意志力可以让他们不轻言放弃，始终坚持努力。同时，自信心能够让他们相信自己有能力应对各种情况，从而更好地履行协调工作的职责。

第二，在复杂状态下保持恒心并应对困难。面对烦琐的协调工作，需要保持冷静与恒心。只有在困难面前保持乐观，并付诸行动，才能有效地解决问题，推动工作的进展。

第三，保持理智的态度。善于以柔克刚，灵活处理矛盾是办公室人员需要具备的重要特质。在协调不同部门或个人的利益时，理智地处理冲突，采取妥协和协商的态度，有助于建立和谐的工作氛围，推动合作关系更加顺畅。

第四，培养幽默感。幽默是缓解工作压力和改善人际关系的良好方式。在工作中适时运用幽默，可以缓解紧张氛围，拉近同事间的距离，增进彼此之间的理解和信任，从而更好地完成协调工作。

（四）注重方式技巧，提高协调质量

第一，遵循协调的一般程序。这包括深入调查研究问题，了解各方的需求和利益，同时严格遵循政策法律的规定。只有对问题有全面的了解，才能作出科学合理的决策。另外，与相关部门进行充分的沟通也是协调工作不可或缺的一环，这有助于凝聚共识，形成协同合力。

第二，选择恰当的协调时间。根据工作目标和实际情况，灵活选择事前、事中或事后协调的时机。明确协调的时间节点，有助于工作的有序推进，避免耽误事务的处理。

第三，采取合适的协调方式。在协调工作中，可以通过召开会议、现场办公、书面沟通等多种方式进行。选择合适的协调方式，可以更好地传递信息，促进各方之间的交流与合作。

第四章　公共管理能力与培养技巧（二）

第一节　公共管理的预见能力构成与培养技巧

一、公共管理的预见能力构成

预见[1]能力在我国古老的文化传统中，就已经受人重视。预见活动具有科学性，预见是在科学基础上的符合客观规律的预测。因为预见并不是盲目的揣测或主观臆造，而是通过对逻辑推理、思维分析和可行性论证等程序来实现的。

（一）预见活动的特点

领导者想更好地提升自己的预见能力，发挥自己的预见能力，应当先了解预见活动的特点。预见活动的主要特点有以下方面：

第一，预见未来的时间越短准确性越高。为了做好预见工作，需要将时间范围划分为短期、中期和长期预测。然而，要特别注意，长期预测常常受到复杂因素的影响，因此可能与最终实际结果相差较远。

第二，预见未来时必须估计可能出现的误差。预见未来的工作并非总是百分之百准确的，但应该努力使其尽可能地接近事实。这可以通过采用较大的样本数进行预测来实现，因为大样本数可以提高预测的正确率和代表性。这样一来，领导者们可以更好地预见未来的走向和潜在的挑战，从而更有针对性地进行决策和规划。

第三，合理选择预测方法。没有通用的预测方法适用于所有情况和管理人员。因此，应该根据具体的情况和需求，选择最合适的预测方法。这包括在选择

[1] 预见，是对未来进行推测，是指领导者根据事物的特点，对其发展方向和趋势进行预测的一种思维能力，是现代管理中的核心能力之一。

时考虑方法的可靠性、实施的简便性以及相关的成本投入。只有选择明智的预测方法，领导者才能更好地利用预见能力来指导组织的发展和战略规划。

（二）预见能力的作用

在当今社会，对预见能力的需求远超过去的任何时候，因为未来的不确定性比以往任何时候都大。一个人的预见能力不仅是对未来进行简单的猜测，而是一种深刻的能力，是未来工作的前提条件，同时也是现在工作的重要组成部分。

对组织领导者而言，预见能力显得尤为重要。他们肩负着确定整个组织和成员的总体目标和前进方向的首要责任。这就要求他们具备高瞻远瞩和预见未来的能力。只有拥有这样的先见之明，他们才能在不确定的环境中作出明智的决策，引领组织不断向前发展。

在进行预见活动时，准确性尤为关键，它直接关系到组织决策的成败。通常，预见活动基于两种主要方法：一是科学预测，通过对过去数据的分析和趋势的研究来预测未来的发展；二是感性预见，通过对环境和相关因素的感知和洞察来推测未来的变化。这两种方法的结合可以提高预见活动的准确度。预见活动的精确程度决定了组织目标实现的程度。如果领导者能够具备强大的预见能力，就能更好地制定正确的方针政策，并在不确定的环境中推动组织的发展。因此，预见能力在领导者的工作中扮演着至关重要的角色，特别是在面对新情况和新问题时，能够快速采取应对措施。

预见活动绝不是一种幻想，它建立在过去的基础上，通过推算未来来进行管理工作的重要环节。通过运用预见能力，组织可以更好地控制未来的不确定性，并更好地适应变化的环境条件。只有在了解可能的未来发展方向时，组织才能更有针对性地采取措施，把握机遇，应对挑战。

（三）预见活动的实施步骤

要发挥预见能力的作用，进行预见活动，无论是采用什么预测方法，或是进行什么类型的预测，其过程或步骤基本相同，可以分为以下主要步骤：

（1）明确预测内容。这包括根据组织的需求、现有情报和创造性思维，明确定义预测主题、目标、对象和假设。为了实现这一目标，团队规划调查和研究方法，并分配相应的工作任务，确保各方面得到充分的考虑和参与。

（2）建立预测模型。在这一阶段，收集与预测对象相关的各类资料，涵盖统计数据、调研报告、科技信息等。借助理论和统计技术，团队将这些数据整合，建立预测模型。通过捕捉主要的趋势变化和周期性波动，确保模型能够反映对象的真实情况。

（3）研究分析并进行预测。基于对事物发展趋势的估计，团队对预测对象主要参数的增长规律进行定性分析。同时，深入研究可能的途径和必要条件，以细化预测结果。利用建立的预测模型进行数据运算，得出预测结果，并对结果的置信区间进行估计，以反映预测的可靠程度。

（4）对预测结果进行总结和评价。团队将预测结果与定性分析的结论进行对比分析，以验证其合理性和可信程度。根据预测活动的目标，明确预测结果的精确性要求，为决策和规划提供依据。这个阶段的工作至关重要，因为只有获得准确的预测结果，才能对组织的未来作出明智的决策。

二、公共管理的预见能力培养技巧

预见能力是根据现有的实际以及事物发展的趋势，推测未来的一种能力。革命领袖人物之所以能够成功地干出一番伟大的事业，同他们有预感事态发展的趋势，推知事物发展的进程，指明未来奋斗方向，提出事先未来理想的任务和道路这个高明的预见能力是分不开的。

预见能力的培养技巧如下。

（一）转换领导者思维，崇尚创新理念

领导者想要提升预见能力，需要做到以下五点：

第一，努力克服思维定式。固有的思维定式会限制对问题的看法，并可能导致对新观念和变化的闭塞。因此，积极寻求打破这些限制的方法，不断开拓自己的思维边界，以培养具有前瞻性的思维方式。通过不断挑战传统的观念和做法，领导者可以更好地应对日益复杂多变的管理挑战。

第二，具备宽广的眼界。领导者不能只关注眼前的问题和局势，而要积极通过全面观察世界来获取更广阔的信息和视野。历史、系统、发展的思维方式成为他们思考问题的重要手段。通过对历史的回顾和研究，他们能够从中吸取经验教训，避免重蹈覆辙。运用系统思维，他们将问题放在更大的框架中来审视，以便

更好地理解问题的本质和复杂性。发展思维让他们能够预见事物的未来走向，并作出相应的规划和决策。

第三，重视把握事物的内在规律。世界在不断变化发展，而这种变化背后隐藏着一定的规律。通过深入研究和分析，他们力求理解这些规律，以便在管理活动中做出明智决策。他们关注市场的趋势，洞察技术的进步，掌握人才的流动等重要因素，这样便能更好地把握事物的发展动态。

第四，具备长远思考。领导者不仅要关注当前的问题，更重要的是放眼未来，预见可能发生的变化和机遇。通过长远思考，制订可持续发展的战略和规划，避免短视决策所带来的风险。敏锐的洞察力是他们预见未来的关键所在，通过对市场和行业的观察，更早地发现趋势并作出及时调整。

第五，拥有创新思维。领导者要敢于打破传统的束缚，追求新的理念和方法。创新能力能在面对经济和科技的迅猛发展时保持竞争优势。通过推崇创新文化和鼓励团队成员发挥创造力，领导者能够激发组织的潜力，开辟未来的发展空间。

（二）加强学习，提升领导者自身素质

通过认真学习和广泛积累知识，领导者能更好地了解世界和事物的发展规律，洞察事物背后的本质。这种正确的认知和判断能力不仅有助于提高预见能力，预测未来的发展方向，也能帮助他们在复杂多变的环境中作出明智的决策。学习专业理论知识、法律法规、社会科学和自然科学理论是提高预见能力的基础。这些基础性知识能够帮助领导者了解人类社会的运行机制，把握规律，更好地应对挑战。幸运的是，现有的管理岗位培训班为领导者提供了提高知识水平和管理科学水平的有利条件。这些培训班提供了专业的指导和丰富的学习资源，让领导者在工作之余能够系统地学习知识，不断提升自己的素质和能力。然而，这些条件的有效利用需要组织各级领导者共同努力。只有持续不断地学习，不断积累知识，领导者才能在日益复杂和竞争激烈的环境中保持领先地位。

（三）学会调查，全面掌握工作信息

高水平的预见能力是建立在高水平的调查基础之上的。领导者只有通过认真地调查实际问题，深入了解事实，并全面掌握客观情况，才能拥有真实可靠的信息。这些信息成为领导者进行推测分析、准确预测未来的重要依据。为了获得有

用的信息，领导者应通过多重渠道进行调查研究。他们需要广泛搜集各方面的数据，并与不同的来源进行交流。这样做可以确保他们获得多角度、全面的观点和见解。在收集到信息后，领导者应进行科学、周密的分析。他们可以利用各种工具和方法，仔细检视和理解数据。通过分析这些信息，他们可以得出未来的趋势或发展走势。这种精确的分析和研究可以极大地提高领导者的预测能力。通过根据事实进行决策，他们可以更好地应对未来的挑战和机遇。他们的预见将不再仅仅是猜测，而是建立在真实数据和深入调查的基础之上。因此，领导者应重视从高水平的调查中获取的信息，并利用这些信息进行推测分析，以提高他们的预测能力。只有这样，他们才能更好地引导组织朝着正确的方向发展，作出明智的决策，并应对未来的变化。

（四）联系实际，提升领导者预见能力

实践是培养预见能力的关键条件。虽然理论知识和管理水平在提高预见能力方面也有一定作用，但必须与实践紧密结合，预见能力必须在实践中得以检验和磨练。

预见性决策必须经过实践的检验，只有当决策获得成功的结果时，领导者的预见能力才会得到肯定。实践是领导者获得真知灼见的途径。通过解决实际问题，领导者不断增长经验，开阔视野，并提高思维的敏捷性，从而逐渐提升预见能力。领导者需要不断在实践中检验和修正自己的预见能力。预见能力并非一成不变，而是随着实践的发展不断演变和完善的。因此，领导者应当主要关注与实际紧密联系的长期实践，认真总结实践经验，从而不断提升自己的预见能力。在日常工作中，领导者应该通过实践中的成败和经验教训不断成长。他们应该着眼于解决实际问题，寻求可行的解决方案，并在实践中逐步完善他们的预见能力。无论是面对日常的琐碎事务还是重大决策，预见能力都扮演着关键的角色。

（五）敢于预测，善于捕捉预见活动信息

领导者在预见未来趋势方面起着重要的作用。预见活动本身就是对未来的预测，因此需要从多方面、多角度进行几种可能的预测结果，以便从中判断出最符合客观规律和事情发展的情况。这意味着领导者需要不断地进行推测，推翻可能错误的推断。只有将预测的结果与实际情况进行对比，才能使预测结果无限地接

近现实。为了有效地预见未来，领导者还应培养捕捉信息的习惯。在当今信息化时代，大数据时代，每时每刻都有海量的信息涌入互联网。领导者在时间和精力有限的情况下，除了不断提升自身的预见能力、学习知识和努力掌握客观实践的规律之外，还需要借助辅助手段。现代预测技术为领导者提供了收集有关信息的有力工具。此外，领导者还应该培养危机意识。作为组织的领导者，他们需要具备敏锐的防范意识，能够意识到潜在的危机和风险。只有在危机意识的引导下，领导者才能善于利用现代预测技术，发现问题并捕捉到有用的信息。只有这样，他们才能更好地提高自身的预见能力，为组织的未来作出明智的决策。

第二节　公共管理的决断能力构成与培养技巧

一、公共管理的决断能力构成

决断能力，就是组织领导者在管理过程中的决策能力。决策是领导者为实现组织目标，制订各种不同的方案进行或决定的分析判断的过程。

（一）决策的实施原则

在现代社会，管理工作具有多元化、综合性和系统性的特点。当领导者面临决策时，他们需要牢记以下关键点，以保证决策的科学性和有效性：

第一，决策的科学性至关重要。领导者在做出决策时，必须遵循科学理论和客观规律，以确保决策的合理性和有效性。科学理论应该成为他们制订和执行决策的指导方针。

第二，领导者要不断提升自身的管理业务能力。他们需要熟悉决策的程序和原则，并且在实践中不断提高自己的能力，以便更好地运用决策科学来解决问题。

第三，实事求是原则。在做出决策之前，领导者必须全面了解相关信息，并进行综合分析，同时要考虑到眼前和长远、整体和局部的利益，以确保决策的客观性和公正性。

第四，可靠的信息基础是作出明智决策的前提条件。决策的依据应当是充分准确的信息。领导者应当利用可靠准确的资料信息，以避免因错误或过时信息导致决策失误。在决策过程中，领导者必须按照规则和程序进行操作。遵循规则和程序可以减少盲目性和主观随意性，有助于提高管理效率和决策的质量。正确的决策可以带来巨大的收益，而决策效率也是评价领导者工作的重要标准。因此，领导者需要及时作出决策，以提高工作效率和组织的竞争力。

第五，决策的可行性。决策必须具备实施的现实条件或通过努力创造可行条件，否则决策就失去了意义。这包括经济和技术方面的支撑，只有在具备这些条件的情况下，决策才能真正付诸实施并取得预期的效果。

（二）决断能力的作用

决断能力是组织领导者不可或缺的能力。无论在哪个部门和层次，决策都是管理活动中至关重要的一环，因为它的正确与否决定着管理工作的成败。从根本上说，决策是管理活动的基础和首要环节，是整个管理过程的核心。因此，决策的科学性、及时性和正确性是保证管理执行良好成效的前提。决策贯穿于管理的各个方面和各个步骤中，无论是战略规划，还是日常事务，决策都扮演着关键的角色。在任何行业或组织中，会遇到各种各样的决策问题，如资源分配、人力安排、市场战略等。因此，管理者必须具备快速作出正确决策的能力。

科学的决策是管理的关键。一个组织的决策质量直接关系到政府工作的成败和行政效率的高低。任何决策失误都可能导致严重后果，使组织面临巨大的风险和挑战。因此，管理者需要依靠科学方法和数据分析来做出明智的决策，以最大程度地减少错误和风险。只有通过科学的决策，管理者才能为正确实施管理行为提供基础。科学决策不仅依靠经验和直觉，更应该基于相关数据和分析结果。通过充分了解组织的目标、资源和环境，管理者可以制订出全面、可行的决策方案，从而提高管理效率和绩效。科学、合理的决策有助于减少决策过程中的主观偏见，并确保决策结果的公正和合理性。

（三）决策的实施程序

在公共管理中，决策的实施程序指的是在作出具体决策时所采取的一系列步骤和程序。这些程序的主要目的是确保决策的高效性、合法性、透明性和公正性。以下将详细描述决断力的实施程序的主要构成，包括收集信息、问题定义、制订目标、选择方案、决策实施、监督和评估、沟通、应对风险以及持续改进。

第一，收集信息。决策者需要从各种来源获取数据，研究现有政策和法规，调查相关利益相关者的意见等。这样可以确保在作出决策时拥有全面的了解和准确的背景信息。

第二，问题定义。在这个阶段，决策者需要清楚地界定问题的性质、范围和影响，以确保决策的目标明确。只有明确定义了问题，才能更好地朝着解决方案迈进。

第三，制订目标。制订目标是决策过程中的一个重要步骤。这些目标应该是明确、可衡量和可实现的，以便在决策实施过程中进行评估。通过明确的目标，决策者可以更好地了解决策是否达到了预期效果。

第四，选择方案。在决策过程中，通常会有多个可选方案。决策者需要仔细评估各种方案的优势、劣势和风险，并选择最符合目标的方案。

第五，决策实施。实施决策可能涉及调动资源、改变政策、发布指令等，这需要有条不紊地进行，以确保决策得以有效执行。

第六，监督和评估。这是为了确保决策达到预期的效果。监测决策的执行过程，并收集反馈信息，有助于发现潜在问题并进行调整。及时的监督和评估可以纠正错误和优化执行过程。

第七，沟通。透明的沟通可以增加决策的合法性和公信力，并获得关键参与者的支持。在沟通过程中，决策者应该积极倾听不同观点，并确保信息传递清晰明了。

第八，应对风险。决策过程中可能存在各种风险和不确定性。决策者需要考虑这些风险，并采取相应措施来减轻其影响。应对风险需要有一套灵活的方案，以应对各种可能发生的情况。

第九，持续改进。决策过程并不是一次性的，而是需要不断改进和调整。根据实际效果和新的情况，决策者应该灵活调整决策。持续改进确保了决策的适应性和有效性。

总的来说，决策的实施程序涉及从问题识别到方案选择再到实际执行的一系列步骤。在这个过程中，透明性、信息收集和利益相关者的参与是确保决策成功的重要因素。通过严谨的决策过程，公共管理能够更加高效地应对挑战，并取得更好的成果。

（四）决策的方法

1. 名义—小组法

名义—小组法是一种决策方法，其独特之处在于将个人决策和小组讨论相结合，以达到更加综合和理性的最终决策结果。这种方法特别适用于那些对正确性要求不高，但又需要在时间紧迫情况下作出决策的场景。在实施名义—小组法时，需要按照以下步骤进行：

（1）介绍问题。为了确保小组成员完全理解问题的本质，需要对问题进行充分的介绍。这样有助于每位成员对问题有一个共同的理解基础。

（2）个人决策。每位成员需要在个人决策阶段默默思考并记录下尽可能多的想法。这个阶段注重个人的独立思考，以免受到群体思维的影响。

（3）收集信息。小组成员轮流说出自己的想法，并将这些想法记录在活动想法统计表中。在这个过程中，小组成员需要阐明各自想法的意义、逻辑和解答问题的方式，经过一致同意后，可以修改或删除一些想法，保留最优的意见。

（4）小组讨论。在小组讨论过程中，需要注意确保讨论的平等性，不让讨论演变成争论。讨论的目的是阐明不同的想法，而不是为了解决观点的差异。这样可以有效地促进团队合作和集思广益。

（5）形成决策。每位小组成员对每个想法进行评分，决策组织人员汇总评分，找出最高分的几项想法作为最终的决策结果。这样，通过综合个人的独立思考和小组讨论的集体智慧，可以得出一个相对全面且具有合理性的决策方案。

在名义—小组法中，还有一些需要特别注意的事项：①名义—小组法包含优先顺序排列过程，需要与“头脑风暴法”等其他方法区分开来，以免混淆使用；②小组成员之间的讨论应该是平等的，不应该让讨论变成争论。目标是协作解决问题，而不是为了争取个人观点的胜利；③在整个决策过程中，务必使用活动想法统计表记录所有成员提出的想法，确保所有成员都能看到，这样可以更好地监督和管理整个决策过程，确保每个成员的意见得到充分尊重。

2. 名义—互动方法

名义—互动方法是一种用于决策的有效方法。在名义—互动方法中，决策者将面对一个虚拟的情景或问题，可以是真实的挑战或可能出现的情况。然后，决策者被要求扮演相关角色，并进行模拟决策。这些角色可以是实际存在的人物、团队成员，或者是设想中的不同利益相关者。通过这种角色扮演，决策者可以从不同角度审视问题，了解不同利益方的观点和需求，从而更全面地考虑问题。在名义—互动方法中，通常还会有其他参与者扮演不同角色，形成一个模拟的团队。这些参与者可以提出挑战性的问题、提供反对意见或分享各自的观点，以增加决策过程的复杂性和真实性。通过与其他参与者的互动，决策者能够锻炼应对压力和不确定性的能力，加强对决策后果的预测和评估。名义—互动方法还可以结合现实情境的模拟，如使用虚拟现实技术或角色扮演游戏，使决策者能够身临其境地感受和应对真实情况。这样的模拟训练有助于提高决策者在紧急情况下的反应能力和果断程度。

二、公共管理的决断能力培养技巧

决断能力是领导者的基本能力，它贯穿并影响着整个管理过程，因此，提高领导者的决断能力是提高领导者能力和管理素质的重要一环，具体方法和途径主要有以下内容。

（一）提高领导者的内在素质

领导者的决断能力取决于其内在素质。要提升这一能力，需要关注以下四点：

第一，政治素质。一位出色的领导者应该具备坚定的政治立场、鲜明的政治态度，以及明确的政治方向。此外，高度的政治觉悟和崇高的政治品德也是不可或缺的品质。他们必须明白自己所代表的政治价值观，并且能够在困难时刻坚持原则，不为利益所动摇。

第二，知识素质。他们需要不断学习历史上成功决策的过程和方法，同时深入研究决策失败的原因，从中吸取教训，提升自身决策的才干。掌握与工作相关的专业知识和技能也是必要的，这样他们才能更好地指导团队，并应对复杂多变的领导工作挑战。同时，领导者还应该不断完善和优化自己的知识结构，紧跟现代科学知识的发展，以保持竞争力。

第三，创新意识。在决策过程中，他们应该有观念和气质上的创新，不局限于传统思维。领导者应当敏锐地洞察环境的变化，能够全局观察，通过综合分析，抓住主要矛盾，发掘各个方面的潜力，并创造出卓越的工作业绩。同时，塑造卓越的创新精神也是重要的，这包括树立时间观念、竞争观念、信息观念和权威观念，使领导者能够勇于尝试新方法和新理念。

第四，民主意识。这种意识体现在对下属和相关人员的尊重，让他们拥有主人翁意识，发挥积极性和创造性。领导者需要倾听群众的意见，依靠群众共同制定决策，并借助群众的力量顺利执行这些决策。要实现这一目标，领导者需要不断提高自身的民主意识，深入实地调查研究，与群众保持密切联系，广泛征求不同的意见。具有民主意识的领导者会以科学的态度对待群众的建议和意见。他们会运用适当的方法，确保决策过程中各方的声音得到充分表达。这样的领导者能够形成真正的民主决策，避免集权和个人意志的过度干预。在实施决策时，具备民主意识的领导者会注重程序的科学性和公正性，确保决策过程公开透明，并让相关人员能够参与其中。这样的决策不仅更加符合群众的需求和利益，也能够获得更广泛的支持和认可。

（二）搜集与处理各种信息

在现代社会中，信息扮演着至关重要的角色，而一个领导者的决断能力则在于其是否能在决策过程中熟练运用并驾驭信息。因此，领导者应该不断提升信息搜集与处理的技能，具体如下：①必须正确认识信息的重要性，深信决策必须建立在充足信息的基础上；②领导者应当拥有强烈的获取信息的欲望，以便更好地作出明智决策；③需要学习各种搜集信息的方法，从中掌握最高效的技巧；④善于收集真实、及时、全面的信息，以杜绝信息滞后和传递误差的现象；⑤不断提升对信息进行分析和处理的技能。这样，才能更好地从海量信息中筛选出有价值的部分，并将其运用于实际决策过程中。

（三）发挥“智囊团”的作用

领导者集合他人的思想和智慧被视为至关重要的一项任务。他们深知单凭自身内在素质难以达成最佳决策。因此，他们积极组建智囊团或“外脑”，借助集体的智慧来辅助决策。这个智囊团由各领域专家和有见识的个体组成，他们的多元知识和独到观点为领导者提供了宝贵的参考。

优秀的领导者善于团结这些专家和智囊团队，与他们建立真诚的友谊和合作关系。他们明白通过建立良好的人际关系，可以促进团队内部的信任和合作，从而实现更高效的工作。因此，他们积极倾听成员的意见和建议，毫不保留地鼓励每个人畅所欲言。对于那些提出有价值意见的人，领导者会及时给予表扬和奖励，以鼓励更多的积极参与。

优秀的领导者非常重视智囊团的独立工作空间。他们懂得过多干预会压制创造力和独特观点的产生。因此，他们不会盲目干涉团队的工作，而是允许智囊团自行决策和行动。这种信任和尊重成员的做法，有助于激发智囊团的潜力，发挥出更好的工作表现。确保智囊团的工作目标与领导者的决策需求相一致也是领导者的职责所在。智囊团的存在是为了为领导者的决策提供服务，因此其工作方向必须与领导者的战略目标相契合。领导者应该重视智囊团的劳动成果，对他们的付出给予高度重视和尊重。然而，领导者也明白在运用这些意见时，需要进行科学的评估，确保决策的可行性和合理性。优秀的领导者在与智囊团进行合作时，灵活运用其意见。他们并不教条地接受每一个建议，而是根据具体情况进行取舍和调整。这种灵活性帮助领导者更好地适应不断变化的环境和局势，作出明智而富有远见的决策。

（四）增强识别和决断能力

在提升识别和决断能力方面，个人需要不断增强自己的素养和认知水平。不断增加对知识的掌握，运用广博的学识和科学的思维方法，从而更加准确地辨别谬误。通过深入学习各领域的知识，更全面地理解问题的本质，避免因片面知识而作出错误判断。驾驭知识的能力将有助于领导者在决策过程中以实现领导活动目标为原则，始终保持客观公正的态度，避免被个人情感所束缚。通过培养这种客观、理性的态度，可以更好地处理复杂的局面，避免受到情绪的左右，确保决策的合理性和公正性。果断的领导者通常能在紧要关头作出明智的抉择，不畏困难，勇于面对挑战，从而推动事务高效推进。只有坚定的意志力才能在困难面前不屈不挠。通过保持对目标的坚定信念，能够在风雨飘摇中保持决断，不被外界干扰所动摇。

（五）适当听取反对意见

在面对重大决策时，领导者要倾听不同声音并适当地接纳反对意见，鼓励团队成员各抒己见，促进各种不同意见的交流和辩论。这种开放的氛围将鼓励员工敢于提出不同的看法，从而为决策提供更全面的参考。只有建立起良好的信任关系，团队成员才会真实地表达反对意见，而非因为畏惧处罚而保持沉默。同时，领导者还需公正对待所有意见，不因资历高低或个人关系而偏袒。只有如此，团队成员才会坦然地提出自己的想法，不担心受到不公平对待。每个人都可能有独到的观点和见解，因此应该将所有意见都纳入考虑范围。无论是高层领导还是基层员工，都可能提供有益的建议，领导者应该平等对待，不偏不倚地对待各种意见。如果有员工敢于提出反对意见，领导者应该以开放的心态对待，而不是批评或惩罚他们。相反，领导者可以对员工的勇气表示欣赏，并借此机会进一步深入探讨问题的各个方面，找出最佳解决方案。

第三节 公共管理的应变能力构成与培养技巧

一、公共管理的应变能力构成

在现代社会中，应变能力被认为是每个人必备的重要素质，尤其对于公务人员，特别是高层的行政领导，更显得尤为重要。应变能力指的是个人或组织遇到任何状况都能灵活应对，具备判断和转化环境变化的能力。对公务人员而言，应变能力特指他们在应对公共危机事件方面的能力。这包括一系列重要的要素，如掌握信息、捕捉潜在危机问题、制订可行预案、快速反应和及时处理。

（一）应变能力的特点

在公共管理中，应对危机事件并发挥应变能力至关重要，而这其中的关键在于充分的信心。信心被视为战胜困难的法宝，是应变能力的内在特质，不可或缺。只有在信心的支持下，人们才能勇敢坦然地迎接未来的一切挑战，从容应对各种局面。

危机事件常常需要快速有效的解决方案，因此应变能力在时效性方面要求高。及时提出解决方案至关重要，时间的把握成为应变能力的重要特点。公共管理者必须保持高度的敏锐性和反应速度，以应对不断变化的局势。应变能力需要针对具体事物，具备高度的针对性。每个危机事件都有其独特的特点和复杂性，因此必须根据不同事件的特征制订相应的对策。一刀切的方法并不适用于各种情况，而是需要精准而灵活的应变能力。在提升应变能力的过程中，经验和原则起着重要的作用。经验是一种宝贵的财富，过往经验是提高应变能力的主要素材。通过借鉴以往的处理方法，并吸取教训，人们不断积累经验，从而提升自己的应变能力。累积经验能够让公共管理者更加从容应对各类挑战，稳健地应对危机。

（二）应变能力的作用

在应对危机事件时，应变能力发挥着不可替代的作用。因为要应对的危机事件往往具有以下四个特征：①发生突然，无法预料。突发事件的发生往往是完全出乎人们意料之外的，无章可循又超越常规，以很快的速度爆发。②破坏性强，后果严重。突发事件的破坏性危害往往具有社会性，受害对象往往也是群体，不仅对公众的生命财产产生威胁，严重时可能给家庭、社会带来危害，造成无法估量的严重后果。③事态紧迫，需及时处理。突发事件往往发展迅速，关系到个人、组织甚至社会的安危，需要及时采取措施，拿出解决的对策，避免事态扩大。④决策的不确定性。由于突发事件发生的突发性和紧迫性，决策者往往要在有限的信息、资源和时间里作出决策，并且非程序化应对，而之后衍生或可能涉及的影响是没有经验可循的，一旦处理不当就可能导致事态进一步扩大。

危机事件的发生必然给社会秩序造成破坏，出现混乱和动荡。影响人们正常的生产和生活。危机事件最大的伤害莫过于对生命的威胁。除了死亡之外，危机事件对社会最大的危害就是对人们心理造成伤害。危机总会消除，但是它留给人们的恐惧、不安、愤怒等心理阴影和创伤却可能长期存在，难以消除。

危机事件的产生往往也会影响政府的形象和声誉。如果政府无法做到很好的危机管理，就会造成政府与社会工作的隔阂，从而使人们对政府的公信力产生怀疑，引发对政府的信任危机。所以发挥好应变能力，完美应对各种危机事件，是非常重要的。

（三）应变能力的内容构成

1. 准确理解事发原因的能力

在复杂的社会发展中，各方面问题都可能引发危机，重要的是掌握各种情况后，科学地分析，找出事件的本质。公务人员在应对危机事件时，必须具备准确理解事发原因的能力。现代社会的发展带来了许多复杂的问题，这些问题可能在某些情况下演化成严重的危机。在这种情况下，公务人员面临着巨大的压力和责任，需要迅速作出决策。在危机事件处理过程中，单纯对表面现象进行应付是不够的，必须深入分析事件的根本原因。公务人员应当对事件进行科学的研判和综合分析，以便全面地了解背后的原因。只有当他们能够准确理解事发原因，才能在制订后续应对方案时更加精准。

2. 制订可行性方案的能力

危机事件往往具有突发性和破坏性，因此公务人员需要在有限的时间内快速做出反应。制订可行性方案成为处理危机的关键。为了在危机发生时能够迅速应对，公务人员必须事先制订应急预案。这些应急预案应当具备灵活性、全面性和可行性。灵活性使预案能够因应不同类型的危机事件，并在复杂多变的情况下调整实施。全面性确保了公务人员在预案中考虑到各个方面的因素，不会忽略任何可能的影响。可行性确保了预案是切实可行的，考虑到资源、时间和条件的限制。公务人员在制订这些预案时，需要广泛征求各方面的意见和建议，以确保预案的完整性和有效性。只有在预先制订了灵活、全面、可行的应急预案后，才能在危机来临时有条不紊地应对，减少危机造成的损失。

3. 敏锐的预警监测能力

危机事件常常具有突发性，并且可能在一段时间内积累和演变。因此，公务人员需要保持敏锐的预警监测能力。他们应该时刻保持警觉，关注社会动态，观察异常事件的发生和发展。预警监测不仅仅是对当前事件的观察，更重要的是对未来可能发生的危机事件进行预测。公务人员需要根据历史数据、趋势分析和专业知识来预判潜在的风险和危机。这样的提前预警能够让他们有更多时间作出应对计划，并采取措施来减少潜在的损失。在预警监测过程中，公务人员需要充分利用现代科技手段和信息系统，以获取更准确的数据和信息。同时，他们应该建立与其他部门和机构的紧密合作，共享信息和资源，形成合力，共同应对潜在的危机。

4. 科学决策有序应对的能力

在面对危机事件时，公务人员必须展现出有序应对的科学决策能力。危机事件往往要求他们在非常短的时间内制订应对措施和策略，这属于非程序化决策的范畴。在这种情况下，保持冷静的头脑至关重要，这样才能确保决策的科学性和准确性。与此同时，处理危机事件也需要有序的应对方式，这包括灵活地利用预案并采取必要的行动。另外，公务人员还需要在危机期间做好公众思想工作，争取公众的理解和支持。这样一来，他们在采取行动时将更容易得到公众的信任，更好地应对危机事件。

5. 良好的沟通与协调能力

在危机应对过程中，公务人员必须展现出良好的沟通与协调能力，这对于应对危机事件至关重要。

（1）与公众进行充分的沟通和协调，以获得公众的理解和支持。通过与公众保持密切联系，公务人员可以更好地了解公众的需求和关切，并根据情况做出相应的调整和决策。

（2）政府内部的沟通与协调也是不可或缺的。公务人员需要与上级部门保持密切的纵向沟通，确保上级部门了解当前情况和采取的措施。同时，在横向部门之间进行交流和工作分配的合作，更好地整合资源并高效地应对危机。

良好的协调能力还涉及资源的合理配置和有效利用。在危机事件中，资源的使用效率对于应对危机反应速度和工作效率至关重要。公务人员需要在紧张的情况下合理地分配和利用资源，以确保最大限度地减少损失并实现危机的有效应对。

6. 完善的事后安置能力

危机应对是一个完整的系统工程，不仅涉及在危机发生时的应急措施，还包括预案准备、危机处理以及危机后的安置和善后工作。事后安置阶段是危机应对的最后一步，也是至关重要的一步。

公务人员必须具备完善的事后安置能力。在危机后阶段，公务人员必须进行责任追究和奖惩。对于造成危机的原因和责任人，必须做出明确的调查和判断，并采取相应的措施。同时，他们还必须做好相关的安置工作，以尽快使社会恢复常态、机构正常运作、生产生活回归正常。这需要公务人员具备全面系统的工作意识和善后安置能力，以有效地重建和解决危机事件带来的问题。

（四）应变能力的原则

1. 尊重生命，以人为本原则

在处理危机时，政府应始终坚守尊重生命，以人为本的原则。这意味着政府必须优先保障公民的生命权，并确保其健康和安全。当危机降临时，政府的首要任务就是迅速展开抢救行动，确保人们在危机中能够维持基本的生存条件。此时，无论面临何种压力，政府都必须努力挽救尽可能多的生命，即使这意味着需要付出巨大的代价，也不能有丝毫犹豫。公民的生命和财产都必须得到最大限度的保护。

2. 统一领导，分层管理原则

当危机发生时，政府必须迅速建立统一领导体系，并让权威领导及时介入，以稳定局势、协调行动和安抚民心。为此，需要建立健全的分层管理体系，实施领导负责制，同时充分发挥应急指挥系统的作用。在危机事件中，地方政府应首先介入进行应急处理，随后中央政府应全面接管危机管理。每个层级政府都要对自己管辖范围内的危机管理负起责任，形成上下紧密配合的工作模式。

3. 依法管理，坚持法治原则

在应对危机事件时，政府必须始终依法行事，坚持法治原则。尽管政府在危机时期拥有特殊的权力，但这些权力必须谨慎行使。公务人员必须在法律的框架下行使权力，并清楚地了解自己的职责。特别是在处理涉及敏感领域的危机事件时，遵守法律尤为重要。政府必须在法律的指引下，采取合适的措施来应对危机，不可因为情况紧急而忽视法律的约束。

4. 快速反应，及时处理原则

危机事件在其主要特征方面表现为突发性、来势迅猛、发展快速以及危害极大。政府在处理危机时，每一分钟都显得至关重要。因此，政府需要在最短时间内作出最快反应，采取必要的措施。在这个关键时刻，积极的态度能够赢得时间，而正确的措施则能赢得公众的信任。通过这样的方式，政府能够摆脱被动局面，进而掌握主动权。

当政府能够及时处理危机事件时，能够避免错过解决问题的最佳时机，同时也能够减少相关损失并控制事态的恶化。这就要求政府在危机处理中保持高度的敏感性和灵活性，以便迅速作出反应。

5. 有效沟通，协调一致原则

在危机事件中，涉及多个部门和层级，因此保持畅通的沟通渠道尤为重要。政府应确保各个部门之间能够高效地沟通和协作，以形成协调一致的应对措施。与公众进行有效的沟通是至关重要的。政府需要及时发布应知消息，树立负责任的形象。通过积极开展公众沟通，政府能够增加公众对其应对措施的理解和支持。

此外，政府内部部门之间的纵向和横向沟通也同样重要。在危机发生时，政府各部门应当保持沟通的通畅，确保信息的共享和流通，以便协调一致地行动。危机事件发生时，政府需要实现各个部门和层级之间的协商和运作。这包括明确各部门的职能和责任，优化整合资源，以发挥最大效能。只有政府在危机时能够高效地进行内部合作和资源整合，才能有效地应对危机，为公众带来更安全稳定的环境。

（五）应变方法

危机事件发生后，公务人员必须处变不惊、积极稳妥地应对危机。为使事件不扩大、不升级、不蔓延，选择适合且有效的方法策略是关键。方法是否运用得当，可能关系到整个危机事件处理的成败，通常来说，应对危机事件的方法有以下几种。

1. 心理控制法

在处理危机事件时，突发性和破坏性的冲击往往会对社会公众的心理产生沉重压力。社会群众面临着未知和不确定性，焦虑和恐惧充斥着他们的内心。因此，安抚社会心理压力、稳定情绪被认为是处理危机事件的首要任务。公务人员在这个时候扮演着至关重要的角色。他们需要保持冷静，即使在压力环境下也要表现得镇定自若。通过展现冷静和坚定的态度，公务人员能够为公众提供安全的依靠，帮助减轻他们的心理压力。

为了有效处理危机事件，公务人员可以采取转移公众注意力的策略。通过说服诱导、找到共同点以及引导意识，可以将公众的注意力从危机本身转移到更积极的方面。这种转移注意力的方法可以帮助公众暂时摆脱负面情绪的困扰，从而为解决问题创造更有利的氛围。

除了转移注意力，公务人员还应站在公众的角度思考问题。理解公众的担忧和需求是至关重要的。在危机事件中，公众通常会有合理的诉求。作为公务人员，应该倾听公众的声音，尽量满足他们合理的要求，作出必要的让步或承诺。通过这种沟通和反馈机制，公务人员可以建立与公众之间的信任，缓解紧张的情绪，加强团结与合作。

2. 组织控制法

在危机事件中，公务人员对组织的依赖是至关重要的。他们需要组织给出明确的指挥来应对当前的紧急情况。组织在这样的危机事件中扮演着不可替代的角色。它起着协调和指导的作用，确保整个团队有序行动。对于危机事件的应对工作，组织需要掌控局势，包括对内部成员和广大群众进行正面教育。通过这样的教育，组织能够稳住阵脚，避免危机进一步扩大。对于自然灾害，组织应立即启动救灾工作，以防止灾害的危害进一步扩大。然而，进行灾害救助工作并不是简单的任务。它需要精细的控制和协调，以避免出现无人负责或多人负责的情况。组织需要进行有效的资源调配，确保每个工作岗位都有人负责，从而提高救助工作的效率和效果。

3. 釜底抽薪法

在危机事件发生后，公务人员必须以冷静客观的态度处理问题，避免激化矛盾，可以选择采取“釜底抽薪”的方式来解决。这意味着他们应该从问题的根本原因着手，从而削弱危机的影响。

对于有组织的社会危机，公务人员可以采取一系列措施来弱化对方的凝聚力。他们需要准确地找出对方的目的和行为破绽，然后展开宣传和舆论攻势，以削弱对方的影响力和支持度。通过有针对性的宣传，让更多人了解真相，并对危机事件产生正确的认知，从而减少对方的社会影响力。

此外，公务人员还应向参与群众宣传组织的政策和规划目标，以及对不良现象进行斗争的决心。他们需要耐心地与群众沟通，讲清政策的意图和目标，劝说大家冷静思考，理性对待问题，从而缓解紧张气氛。通过理性的解释和沟通，公务人员能够赢得更多人的理解和支持，减轻危机事件带来的影响。为了更好地控制事态的发展，公务人员还应该深入了解危机事件参与者的心理。通过正面接触，他们可以与相关方面建立信任，进而缓解紧张气氛，并了解事件的起因和性质。了解问题的来龙去脉可以帮助他们采取更有效的措施来控制和化解危机。

二、公共管理的应变能力培养技巧

危机随时随地都可能发生，提高我国公务人员的应对能力已经刻不容缓，我们可以从以下方面入手来提高公务人员的应变能力。

（一）加强教育，提升公务人员的危机意识

在一个充满变数的世界中，危机隐患无处不在，其发生往往难以预料。因此，对公务人员而言，增强危机意识势在必行。他们需要树立起警钟长鸣的觉悟，时刻居安思危，以防患于未然。为了提高公务人员的应变能力，建立应急预案成为至关重要的基础。这些预案是对未知情况进行合理猜测并制订出的灵活应对措施，将为应对危机提供明确指引。有关部门应当加强应急培养课程的设立，强调保持危机意识的重要性，使公务人员时刻准备着面对任何突发状况。为了胜任这一职责，公务人员需要不断刻苦学习，深入了解可能出现危机的领域，掌握各种应对方式和应急预案。这些知识和技能将是他们应对危机时的得力助手。除了技术和知识的准备，公务人员在思想上也必须保持高度警觉，切忌产生侥幸心理。危机事件的突发性常常带来巨大的恐慌和影响，这也使应对危机的难度加大。因此，只有明确公务人员的危机意识对于应变能力的重要性，他们才能够在关键时刻保持冷静，并采取果断行动。当危机来临时，及时处理和控制局面显得尤为关键。公务人员的反应速度和决策能力将直接影响事态是否扩大。只有紧密配合，形成高效的应对机制，才能确保在最短时间内化解危机，将其控制在局部范围内。

（二）开展培训，提高公务人员的危机应变能力

公务人员培训是提升其素质和应变能力的重要途径。为了从容应对各种突发事件和公共危机，公务人员需要接受高素质、专业化的培训。在培训中，特别需要注重提高公务人员的危机意识和处理能力。他们需要了解如何正确应对危机，同时也要经过心理素质培训，以处理危机时保持冷静、迅速应对。此外，培训还应着重提高公务人员的专业应对能力，包括时事处理、专业学科和业务知识。他

们需要了解相关的方法和程序，以便有效解决问题。只有全面掌握危机知识和技能，公务人员才能在危机事件中游刃有余。因此，对公务人员展开培训是提高他们应变能力的重要途径之一。这样的培训将使他们更加适应危机事件的需要，为国家和社会的利益作出更好的贡献。

（三）实况模拟，加强行政活动实际演练

在公务人员的职责范围内，危机处理是一项至关重要的任务。为了更好地应对未知的挑战，他们需要将危机理论知识融会贯通并付诸实践。这就需要通过模拟和演习危机事件来积累经验和提高应变能力。随着社会的发展，新问题不断涌现，这对公务人员提出了新的要求。他们需要持续不断地提升自己的应对技能，以跟上时代的步伐，确保有效应对各种可能出现的紧急情况。模拟演练是一种训练方式，它能够全面锻炼公务人员的应变能力，同时加强不同机构之间的协作。这样的演练还能够检验现有预案的可行性，并在实践中不断完善危机处理程序。除了提升技能和应变能力，演练还有助于让公务人员真切地体验到危机的感受。通过模拟，他们可以在相对安全的环境中训练自己的危机应对能力，并逐渐习得在危机中保持冷静理性的心态。模拟演练也是公务人员掌握应对危机基本技能和相关知识的有效手段。这种训练可以让他们在危机真正来临时做出更为恰当的决策和处理，而不至于手忙脚乱。

（四）完善机制，建立工作评估体制

公务人员的应变能力急需提高，为此需要加强机制建设，尤其是制度建设与创新。所有公务人员都应具备危机应对能力，这是一项必备的能力。为了推动公务人员自觉提高应变能力，应建立责任追究制度。责任追究制度包括对危机事件参与者进行追究，对存在失职行为的人员进行追责，以及建立和完善官员问责制度。为了推动公务人员加强应变能力，建立评估机制非常重要。评估机制应当将公务人员的危机管理能力纳入考核范围，并与奖惩挂钩，以起到激励和警示作用。只有通过建立这样的机制，公务人员才能意识到危机应对的重要性，并主动加强自身的应变能力。通过建立一套严密的机制，加强公务人员的应变能力，政府和机构才能在面对各种危机时更加有效地做出应对。这将有助于提高公共服务的质量和效率，更好地满足社会的需求。

第四节　公共管理的谈判能力构成与培养技巧

一、公共管理的谈判能力构成

“公共管理谈判是公共管理领域解决冲突、化解矛盾的重要途径，而在构建社会主义和谐社会中公共管理谈判更是具有重要意义。”[1]谈判必须对话，没有对话谈判就无法进行。谈判中的对话称之为会谈、洽谈、协商。现代谈判尤其需要这种双向、平等的对话形式。谈判的目的是迫使一方或企求双方妥协，解决某些分歧，达成一致协议。对话并不一定具有这种目的，主要是为了求得相互理解。

（一）谈判能力的特征

谈判是一种协商分配资源的决策过程，在人类社会生活中普遍存在。谈判能力的特征如下。

第一，普遍性。无论是在政治、商业、家庭或日常生活中，谈判都是解决分歧和达成共识的重要手段。每个人都可能成为谈判的参与者，这使谈判能力具有普遍性的特点。

第二，行为性。谈判能力涉及到人的理性行为和决策。为了满足个人或集体的需求，谈判者会采取特定的行动和策略。这种能力可以通过经验的积累、训练和反思来不断提高。

第三，合作性。谈判过程中，各方必须将彼此视为合作伙伴，而不是敌对对手。了解对方的动机和需求，诚恳地交流意见和想法，是取得谈判成功的关键。避免感情冲突也是至关重要的，因为冲突和误解常常源于信息的不准确和情感的冲动。通过减少感情冲突，谈判的主动性将更加突出，问题得到更有效的解决。在谈判过程中，清晰地表达思想和意图，积极倾听对方的观点，能够有效地促进谈判的进展。此外，双方需注意不让感情主导判断，从而更好地专注于问题本身的解决。在谈判的过程中，要注意关注彼此之间的共同利益，寻求共赢的解决方案。通过合作和相互理解，谈判的双方可以找到双赢的结果，从而更好地满足各自的需求。

---

[1] 李传军 . 开展公共管理谈判研究的实践需求和理论价值 [J]. 福建行政学院福建经济管理干部学院学报，2006（2）：26.

（二）谈判的原则与程序

1. 谈判的原则

谈判的基本原则是谈判的指导思想和基本准则。谈判的形式多样，可以涵盖不同的层次、类型、方式和内容。然而，无论是哪种层次、类型、方式或内容的谈判，其本质都是双方或多方之间的合作过程，通过相互交换条件、追求共同利益以及满足各自需求来实现目标。成功的谈判都是参与者共同努力的结果，而不仅仅是某一方的成果。因此，谈判的成功取决于谈判人员是否遵循谈判的基本原则（图 4-1）。

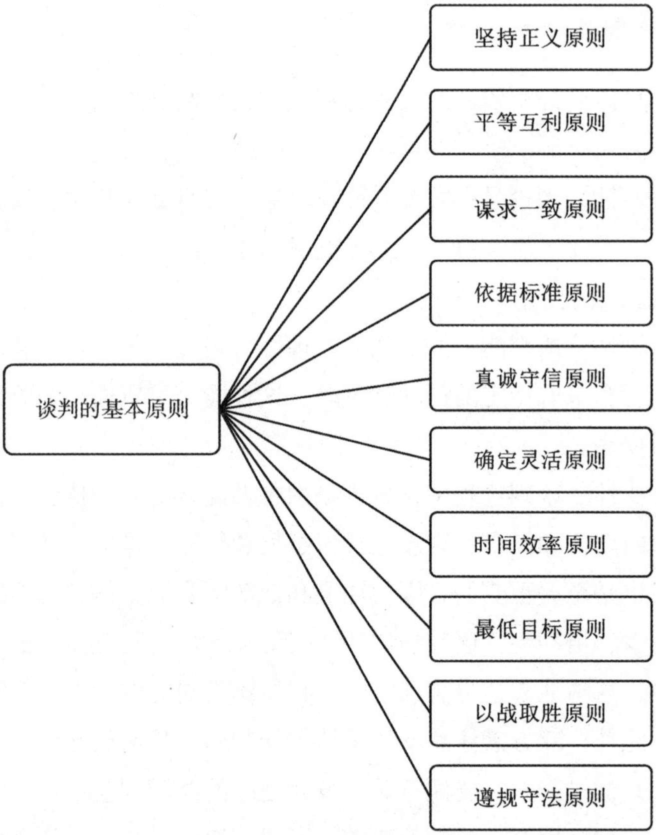

图 4-1　谈判的基本原则

（1）坚持正义原则。在政治和军事谈判中，坚持正义原则被视为不可或缺的核心原则。这种原则强调以公正和公平为基础，确保代表社会发展趋势和大多数人的利益。以正义为指引，能够在最大程度上避免不公和不义，为持久的和平与稳定奠定坚实的基础。在追求正义的过程中，人们意识到其重要性远不仅是为了眼前利益的争夺。相反，它代表着一种更深刻的使命，旨在构建一个公正、平等和共融的社会。当政治和军事谈判团队坚守这一原则时，他们能够超越个人私利，以全局和长远的眼光来审视决策的影响。这样的决策，将会使社会中广大群众受益，为未来的发展奠定坚实的基础。

（2）平等互利原则。谈判必须基于各方平等的权利和义务，以达成互利的协议。利益交换是谈判成功的基础。通过相互理解、尊重和平等相待，谈判的结果将更加持久，并且有助于促进各方之间的良好关系。在谈判过程中，采取适当的方式和方法也是至关重要的。协商是解决意见分歧的有效途径，而不是采用强硬和胁迫的手段。通过开放的沟通和相互尊重，各方更容易找到共同点，减少矛盾，并最终达成双赢的结果。特别是在涉外谈判中，互利互惠、彼此尊重、相互理解、平等相待的精神尤为重要。涉及不同文化、历史和利益的国家或组织需要以友好合作和共同利益为目标，以实现长期的合作关系。通过坚持这些原则，涉外谈判可以避免种族主义和歧视，并推动全球合作与发展。然而，尽管平等互利原则在理论上被广泛认同，但在实践中却常常存在背离的情况。一些谈判可能被强势的一方主导，导致利益不平衡，损害弱势方的权益。这也可能导致一些谈判结果的不公正和不持久。因此，贯彻平等互利原则并确保其在谈判中得到切实体现仍然是一个需要不断努力的挑战。

（3）谋求一致原则。参与谈判的各方代表着不同的利益，但他们的目的是寻求一致。在谈判的过程中，双方需要充分考虑彼此的利益，寻找双方利益的结合点，以求同存异的方式达成共识。这意味着谈判人员必须具备灵活性和善于妥协的态度，确保各方的利益都得到满足，从而达成协议。在谋求一致原则下，各方的利益得到满足是达成协议的前提条件。谈判人员应当着重寻求满意的解决方案，而不是片面地追求某一方的利益。这样的解决方案通常会对所有参与方都有所牺牲，但同时也会使所有参与方都能接受和认可。

（4）依据标准原则。谈判是解决矛盾冲突的过程，其主要焦点集中在条件交换上。谈判过程中，双方常常需要进行条件的互相妥协和让步，而这些条件的达成通常需要建立在一定的前提条件之上。

为了确保谈判的公正性和有效性，每个谈判涉及的问题都需要根据普遍性、公正性和适用性的客观标准进行探讨。这样的客观标准使谈判不仅仅是双方意见的交锋，而是以公平公正的方式进行的。通过坚持客观标准原则，可以更好地解决矛盾，避免陷入无休止的纷争，并建立起长期友好的合作关系。

（5）真诚守信原则。当涉及人际交往时，谈判者必须通过信息交流来深入了解双方的意愿和需求。然而，这并不仅仅涉及简单的信息传递，而是要建立在讲信用和真诚守信的基础上。这种真诚与诚信的态度不仅是道德层面的要求，更体现了谈判者的实力和能力。只有展现出高度的诚信，才能在谈判中赢得对方的信任，从而为谈判的持续成功奠定坚实的基础。

（6）确定灵活原则。谈判者必须明确地知道他们追求的目标是什么，以及达成协议所需要的最终结果。然而，单纯的坚持目标可能会在谈判中遇到一些障碍和挑战。因此，谈判者还必须学会在确定性的目标基础上灵活应变。灵活性是谈判中的重要策略之一，它能够帮助谈判者应对不同情况和对手的变化。将灵活性与确定性相结合，能够提高谈判的成功率，使谈判过程更加顺利和高效。

（7）时间效率原则。市场经济快速发展的背景下，时间观念和效率观念日益强化，时间效率成为经济谈判中至关重要的因素。谈判者应当高度重视时间效率，并将其纳入谈判战略的考量之中。通过注重时间效率，谈判者可以抢占消费市场的先机，利用需求时间差异延长产品生命周期，从而实现更长久的经济效益。更重要的是，善于抓住有利时机进行谈判能够带来更大的收益，因为市场的条件和竞争态势在不断变化，而那些具备时间敏感性的谈判者将能够在变化中找到最有利的突破口。

（8）最低目标原则。谈判中的最低目标原则是确保谈判人员在任何情况下都能达到底线目标。为了有效地实现最低目标，谈判人员应该在谈判开始前设立目标，并将其细分为总目标和分目标，长远目标和近期目标，最优期望目标、可接受目标和最低限度目标。这些目标的设立应基于对谈判背景和条件的充分了解并顺应客观事物的规律。谈判的实现通常需要分阶段、分步骤进行，这样有助于有效地推进谈判进程，同时减少冲突和分歧。在整个谈判过程中，谈判人员应该尽力追求最优目标，但始终以实现最低目标为原则。确保达到最低目标后，谈判人员应当同意签约，这样可以避免一味追求最优目标而导致失败的风险。

（9）以战取胜原则。此原则在谈判中应慎用。它的核心是在谈判中以战争的隐喻来描述竞争和较量。然而，运用这一原则需要谨慎，因为过度强调竞争和对抗可能会导致对话的破裂。如果谈判人员决定使用以战取胜原则，他们应该注意阻止对方的进攻，控制局势，并采取等价交换条件。在面对涉及原则问题的争议时，谈判人员应坚持寸土必争，寸步不让。当对方采取无理行为时，可以宣布中止谈判，以向对方传递坚决态度。然而，谈判人员必须避免被对方激怒，避免采取不理智的报复手段。过度的敌对情绪可能导致双方陷入僵局，使谈判无法取得实质性进展。因此，在使用以战取胜原则时，冷静和理性是非常重要的。

（10）遵规守法原则。随着经济和科技体制改革的深化，谈判在促进科技成果转化为生产力以及促进经济合作中起着至关重要的作用。然而，为了保护科技交流活动的正常进行，谈判必须始终遵循相关法律法规，确保谈判活动的合法合规。在经济谈判中，涉及合同、交易和商业合作方面，谈判人员必须遵守当地和国际贸易法律法规。同时，科技谈判涉及知识产权、技术转让等领域，因此，谈判人员必须遵循相关的知识产权法律法规，确保技术交流和转让活动的合法性。遵守法律法规不仅有助于维护谈判的信誉和合法性，也有助于营造积极的合作氛围，增强各方的信任。此外，遵守法律法规还有助于防范潜在的法律风险，确保谈判活动的顺利进行。

2. 谈判的程序

（1）谈判准备阶段。为使谈判人员在复杂多变的局面中头脑清醒，有条不紊地左右谈判形式，控制谈判进程，谈判的准备阶段应该尽力做好以下工作。

第一，收集有关信息。为了确保谈判的顺利进行，各方必须深入收集对手的信息，了解其立场、利益和优势，同时制订切实可行的行动计划。这有助于增强自身谈判的把握，提高谈判成功的可能性。

第二，制订谈判决策。在这个阶段，需要明确谈判的期望结果，确保所有相关人员都有明确的目标。制订可行决策是谈判成功的保障。这需要对可能出现的情况进行全面分析，并根据不同情况制订相应的决策。

第三，拟订谈判计划。通过精准描述谈判议题，明确谈判的要点和议事日程，可以使谈判过程有序统筹，避免陷入混乱和无效的讨论。这有助于确保谈判的高效进行，节省时间和资源。

第四，做好物质准备。包括食宿安排、安全保卫和场所布置等方面的准备，确保谈判现场的舒适和安全，为参与谈判的各方提供良好的环境，以促进有效的沟通和协商。

（2）谈判开局阶段。谈判开局阶段包括确定谈判人员、确定谈判议程和提出谈判方案。

第一，确保参与谈判的相关人员到齐，这包括主要谈判代表以及可能涉及的顾问和支持人员。所有关键人员的参与将有助于确保谈判过程中能够及时作出决策，并代表各自利益进行有效的谈判。

第二，明确谈判的议题是谈判开局阶段的重要任务。各方需要明确知道谈判的具体内容和目标，避免在谈判过程中偏离主题，以及对关键问题缺乏共识。

第三，双方或多方需要提出各自的谈判方案。这些方案可能是针对特定议题的解决方案，也可能是对整个谈判过程的建议和规划。各方的方案将成为谈判的出发点，为进一步的协商和妥协提供基础。

（3）交流探测阶段。交流探测阶段的主要目的是通过相互交谈，交换意见、动机和意图，以实现对对方的深入了解。为确保有效的信息传递和理解，发言者需要注意避免过于单一的话题，积极探讨多种合作途径。在这个阶段也需要留意一些注意事项。双方不应互相询问问题，而是要确保准确地理解对方发言的含义。这样能够避免产生误解，为后续的谈判阶段打下坚实的基础。双方谈判团队需要密切合作，商讨细节，有针对性地调整谈判方案。这样的准备工作为即将到来的磋商交锋阶段奠定了坚实的基础。

（4）磋商交锋阶段。磋商交锋阶段是谈判的主体，也被称为交锋阶段。在价格谈判中，主要内容集中于讨价还价。双方谈判人员在这个阶段会不遗余力地寻求达成协议的最佳途径，以满足各自的利益和目标。然而，这个阶段也存在明显的对立状态。双方谈判团队会争夺谈判的主动权，力求在谈判中占据有利地位。在这场智力和实力的较量中，双方会施展各自的本领进行唇枪舌战。双方谈判人员的目标是说服对方接受自己的观点，从而达成协议。为了实现这一目标，他们需要充分运用沟通技巧和谈判策略。这包括灵活运用信息和数据，以及在保持自身立场的同时，妥协一些利益，以获得对方的认可和支持。在磋商交锋阶段，双方的谈判团队将面临来自各个方面的挑战。他们需要保持冷静和应对不确定性，同时也要保持对谈判目标的坚定追求。只有保持高度的专业水平和灵活性，双方才能在磋商交锋阶段取得成功，最终达成互利共赢的协议。

（5）协议签约阶段。在达成重要议题上的一致意见后，各方决定签订具有法律效力的契约，以确保双方的权利和义务得到明确规定和保障。签约阶段需要完成以下四项工作，以确保契约的有效性和准确表达各方意愿。

第一，之前记录的谈判情况，将成为草拟协议的基础。这些记录包括双方在谈判过程中提出的要求、意见和建议，以及可能达成的妥协方案。这些记录的准确性和全面性对契约的制订至关重要。

第二，在草拟协议的过程中，各方会查阅彼此的社会、政治和文化背景资料。了解各方的背景资料和关键利益，有助于理解其在谈判中的立场和动机。这样的了解有助于缓解潜在的误解和冲突，促进更加顺利的协商过程。

第三，各方会集中讨论契约的初稿。在这个阶段，重点是确保初稿准确地表达了各方的意愿和承诺。契约可能会进行一些修改和调整，以便达到双方都可以接受的版本。这个阶段的协商和沟通对于契约的最终形式至关重要。

第四，当契约的内容经过多次协商并获得各方认可后，各方的代表将会签字确认契约的生效。一旦签字，契约对各方来说都具有法律效力，并将对他们的行为和决策产生约束和限制。在契约签署后，各方必须严格遵守契约所规定的义务和限制。如果在执行过程中出现纠纷，他们可以采用协商、调节、仲裁或审判等方式来解决争端。这些解决方法的选择取决于契约中所规定的条款以及各方的共识。然而，任何一方的违约行为将会受到谴责、惩罚或制裁，以确保契约的有效执行和各方的权益得到保障。

二、公共管理的谈判能力培养技巧

谈判能力是人的理性行为能力，人也是谈判的主体，人和谈判活动都必须由人或者由人组成的群体去完成。在理性行为相互对抗的谈判中，谈判人员的个体素质和谈判群体的整体能力是制约谈判局势的重要条件。

（一）掌握谈判中的需要与动机

“需要”“动机”是谈判心理学的两个重要概念。影响谈判行为的需要与动机是谈判心理学研究的重点内容。研究的目的在于探索谈判人员的行为内因，了解、预测进而控制谈判人员的行为。

1. 需要的性质

在人的内心深处，自然和社会的客观需求以各种方式得到反映，包括了生理需求和社会性需求。这些需求是人类生存和发展的基石，驱使着他们去探索、实现和满足。

（1）对象性。每一种需求都具有一定的客观性，它们都与特定的对象相对应。这些对象可以是物质的，如食物和水这样基本的生存需求；也可以是利益的，如对知识、财富和权力的追求；或者是关系的，如对友谊、爱情和社交交往的需要。这些对象与需求的结合，构成了人们追求的目标和意义。

（2）社会制约性。这些需求并非是完全随意和独立存在的。它们受到社会制度和文化规范的影响。社会实践、文化教育、时代特征、历史遗留和阶级性等因素，都在塑造和调整着人们的需求。比如，不同社会和文化背景下的人们可能对于安全感、尊重和自由的需求程度各异。因此，个体的需求受到环境和社会条件的制约，同时也会在某种程度上影响着社会的运行。

（3）独特性。由于个体之间遗传、生理、环境和条件等因素的差异，导致每个人对需求的体验和追求方式的独特性。例如，一个成长在贫困环境中的人可能更加渴望经济安全，而一个成长在稳定家庭中的人则可能更加注重人际关系和情感满足。这些差异构成了人类群体的多样性和独特性，使每个个体在满足需求的过程中都有着自己的故事和挑战。

2. 动机及其特征

动机是引起、维持并且指引行为去实现目标的主观原因。它们是人们经常表现出来的激励因素，包括愿望、兴趣和理想。动机的起源可以追溯到个人的需求，这些需求促使人们采取行动，从而满足这些需求。动机的表现有三个层次：内隐层、过渡层和表露层。内隐层指个体内部的深层动机，它们潜伏于意识之下，可能源自生物基础和遗传因素。过渡层是指动机在意识中被感知的过程，个体开始意识到自己的动机，并尝试将其转化为行动。表露层是指动机的外在表现，它们通过行为、语言和情绪来展现出来。动机有助于个体与外部客体建立心理上的联系，它们显示了个体与自身需求的适应程度。动机被视为一种心理倾向，它们引导着人们的行为，并通过行为反映出来。根据其在个体中的地位和作用，可以将动机分为主导动机和辅导动机。主导动机是那些具有强烈激励作用的动机，它们对个体的行为起着主导作用。辅导动机则在个体行为中起到辅助的作用，帮助个体实现目标。无论是主导动机还是辅导动机，动机在个体的行为和心理过程中扮演着重要的角色。

3. 需要、动机与谈判

在谈判过程中，人们的积极性是由内在的动机所驱动的，而这些动机源于个体的需要和欲望。理解对方的真实需求和动机是谈判的共同基础，这是确保谈判成功的重要一环。

谈判人员参与谈判的内部动机是多种多样的。他们可能受到迫切需要的驱使，也可能有强烈的兴趣或者怀揣着自己的理想和信念。这些内在动机在谈判的过程中会不断地影响着他们的态度和行为。

除了内在动机，外部条件也对谈判人员的积极性产生影响。例如，谈判的目标吸引力以及来自外界的压力都会对其动机产生积极或消极的影响。如果谈判目标对谈判人员非常有吸引力，那么他们会更积极主动地推动谈判进程。如果外界施加的压力过大，可能会影响谈判人员的决策和行为，降低其积极性。

在谈判中，动机起着重要的推动作用，它促使谈判人员采取不同的行为，并在不同选择面前作出决策。积极的动机可以促使谈判人员更加灵活和富有创造性，以寻求最优解决方案。了解对方的动机对谈判至关重要。谈判人员应该细心观察对方的言谈举止，以揣摩他们的真实需求和欲望。这样的了解有助于建立共鸣和信任，为谈判的成功打下坚实基础。针对对方的动机，谈判人员应采取相应的措施和策略，以增加对方参与谈判的动机强度。这可能包括提供更多符合对方需求的选择，展现谈判结果对对方的吸引力，或是减轻外部压力对其动机的负面影响。通过积极地引导对方的动机，谈判人员可以促成更加合作和有利的谈判结果。

（二）明确谈判人员的个体素质

任何谈判活动都必须由谈判人员去完成，谈判人员对谈判成功具有决定性作用，而谈判人员的个体素质则是其中最重要的因素。谈判具有不同的类型，因此，对于从事不同类型谈判的谈判人员也应该具有不同的素质要求。

1. 谈判人员的知识结构

谈判人员的知识结构是指根据谈判的主要工作内容和谈判活动的基本特点，

为了适应工作而应掌握的知识系统。

（1）谈判人员需要掌握谈判的实务知识。这些实务知识包括整理资料、计算统计数据、制订谈判计划、确定议程、起草文书、安排活动以及主持会议等操作知识。这些知识将帮助谈判人员进行具体的谈判工作，有效地推动谈判进程。

（2）谈判人员需要具备相关的基础学科知识。这些知识包括政治思想理论、语言、数学、逻辑、历史、地理、外语、计算机等文化基础学科知识，以及法律学、市场学、经济学、营销学、社会学、行为学、心理学等专业基础学科知识。这些知识将为谈判人员提供思维框架和理论支持，使他们能够更好地理解谈判过程中的各种因素，作出明智的决策。

（3）谈判人员还需要具备相关的行业基础知识。不同行业的谈判人员需要了解与其所服务的组织相关的行业基础知识。例如，生产企业的谈判人员需要了解产品性能、成本、利润等信息，而外贸部门的谈判人员需要了解国际贸易政策、法律规则、市场供求关系等。这些行业知识将使谈判人员能够更加全面地把握谈判的背景和环境，更好地与对方进行沟通和协商。综合并灵活运用这些不同领域的知识，谈判人员将能够提高谈判效果，并且能够应对各种谈判情境。他们将更加自信和有能力地展开谈判，并为所代表的组织争取到更有利的结果。因此，持续学习和不断充实自己的知识结构是每个谈判人员应该追求的目标。

2. 谈判人员的道德素养

在自我锻炼和改造的过程中，道德素养得以提升，使谈判人员拥有高尚的道德品质和思想境界。作为代表国家和团体利益的谈判人员，他们必须坚守为国家、人民和团体利益努力的信念。在涉外谈判中，他们应当始终忠诚于人民，并始终维护国家主权和民族尊严的立场。

谈判人员必须遵守规则，追求双赢的合作。为了达成协议，谈判人员需要着重处理三项重要的协议，包括双方主体协议以及每方内部协议。作为代表群体、组织和国家利益的谈判人员，他们必须具备廉洁正直的品格，保持冷静的头脑，并拥有强烈的角色意识。

（三）谈判能力的培养技巧

培养和提高谈判能力对谈判人员来说至关重要。通过提升个人谈判能力，可以提高整个谈判班子的水平。这将有助于提高谈判效率，并取得更多的谈判成功。因此，谈判人员和相关人员都应该高度重视这个问题。然而，由于谈判人员具有不同的个性特征和能力差异，培养和提高谈判能力的方式和途径是因人而异的。因此，需要根据谈判人员的共同特点和一般情况，来探讨培养谈判力的有效途径和应该遵循的原则。

在培养谈判能力的过程中，存在多种方法和途径可以选择。以下是其中的一些重要内容。

1. 正视与超越自我

谈判是一项合作与竞争并存的活动，其成功与否依赖于谈判人员的知识和能力。正视现代竞争的特点并提高能力，成为取得谈判成功的关键所在。为此，谈判人员必须不断学习理论知识并将其应用于实践中，不断超越自我。

2. 提高认识并热爱职业

要成为一名合格的谈判人员，学习与实践是必不可少的过程。兴趣和对职业的热爱是激发谈判力的重要动力源泉。当一个谈判人员热爱自己所从事的工作时，他将保持明确的目标和坚定的信念，不断提高自己的专业水平。

热情是一种积极的能量，能够激励谈判人员面对困难和挑战时不屈不挠地追求成功。这种内在动力使他们愿意投入更多的时间和精力来学习和改进，不断寻求自我突破。通过积极地对待谈判，他们能够克服各种压力，保持冷静并取得实质性的成果。

3. 积累知识不断发展

要想在谈判中展现出卓越的能力，谈判人员必须先掌握充足而深入的知识。这包括对谈判主题、相关领域、相关背景知识的全面了解。只有在掌握充足的知识后，才能为谈判提供坚实的基础。谈判人员应该持续学习并深化自己在各个领域的知识。随着知识的增加，谈判人员的能力也会得到相应的提升。只有主动关注行业动态、学习先进的谈判技巧和策略，以及深入了解不同文化背景下的谈判方式，谈判人员才能在复杂多变的谈判场景中游刃有余。要成为出色的谈判者，仅仅掌握一两个谈判技巧是远远不够的。成功的谈判者需要全面掌握谈判及相关领域的理论知识、方法、策略和技巧，深入了解各种谈判理论，掌握各种谈判技巧，了解不同谈判策略的适用场景。此外，还应该熟悉谈判中可能出现的各种情况，并知道如何应对和解决问题。

4. 理论与实践相结合共同发展

在培养谈判能力的过程中，正确的理论指导是必不可少的。一个人要想成为出色的谈判者，需要学习和掌握谈判的理论知识。这些理论可以来自学术研究、专业书籍或培训课程。理论指导能够让人了解谈判的基本原理和技巧，为谈判提供指导和方向。但是，仅有理论是远远不够的。坚持不懈的实践锻炼同样重要。谈判是一门实践性极强的技能，唯有通过不断地实践和锤炼，谈判者才能真正成长和进步。每个人的经验都是独一无二的，通过自己亲身经历，谈判者可以积累宝贵的教训和经验。

当然，最有效的方法是将理论与实践相结合。理论和实践之间并不是孤立的，而是相辅相成的。通过将理论应用于实际谈判案例中，进行深入的理论分析和总结教训，谈判者能够更好地理解和掌握谈判技巧。这种有机地结合理论与实践的方式，能够迅速提高和培养谈判能力。

第五节　公共管理的执行能力构成与培养技巧

一、公共管理的执行能力构成

执行能力是将战略意图和预定目标转化为实际行动的关键能力。在公共行政执行中，执行能力是至关重要的。公共行政执行可从任务角度简单分为两类：例行性工作和非例行性工作。例行性工作指的是在公共行政执行过程中，可能会重复进行、大量且经常性的工作。例如，日常的文件处理、数据录入和简单事务处理等都属于例行性工作。这些工作虽然看似琐碎，但对于机构的正常运行至关重要。非例行性工作则是指执行过程中涉及任务型或计划型活动，如处理突发事件、特殊项目的推进等。这些工作较为复杂，可能需要更高的灵活性和应变能力。非例行性工作可能是由外部因素引起的，需要快速响应和解决。

（一）执行的特点

1. 执行主体中的国家行政机关

在现代社会中，行政执行主体扮演着至关重要的角色，其范围涵盖了国家行政机关、企业、社会团体以及第三部门等各种组织形式。这些主体在履行职责的过程中受法律的明确规范与约束，这意味着它们必须具有高度的法治性。法治性确保了行政执行的合法性和公正性，有效地维护了社会秩序与公共利益。

2. 执行的统一目的性与手段多样性

行政执行的目的性并不总是一成不变的，它根据不同的情况可能会有所调整。虽然行政执行的目标通常是明确的，但实现这些目标的手段可能多种多样。在实际操作中，行政执行主体需要综合考虑各方面的利益、价值冲突与矛盾。这种综合考量有助于确保决策的全面性和公正性，使执行的结果更加合理且符合社会的期待。

3. 执行的现实性与时效性

行政执行必须具备直接现实性和时效性，以确保行政决策不是只停留在空泛的概念层面，而是能够切实解决社会问题和满足人民的需求。为了达成这一目标，行政执行主体必须始终保持创新和与时俱进的态度。在快速变化的社会环境下，创新是推动行政执行进步的动力，只有不断适应新的挑战和变革，才能更好地履行使命。

高效且及时地完成任务是行政执行的另一要点。对于一项决策或政策的执行来说，时间往往是至关重要的。行政执行主体必须确保在规定的时间内将任务完成，以避免延误和后续问题的产生。高效的执行能力可以提高政策的执行力度，从而更好地实现国家意图和目标。

4. 执行的灵活性和经常性

行政执行是将国家的意志、目标、法律、法规和公共政策付诸实践的关键步骤。然而，执行过程通常充满模糊性，需要通过民主行政过程来明晰政策边界和作用，以确保公正和透明。因此，在决策目标的具体实施过程中，执行者必须面对各种情况和问题。

在执行过程中遇到各种挑战时，行政部门必须因地制宜、灵活应对。尽管在处理具体问题时需要灵活性，但大方向和大方针不可轻易改变。这样可以确保政策的稳定性和连续性，使国家目标能够持续得以实现。

行政执行的主要职责之一是承担惯例性工作。这些工作涵盖了各个领域，需要行政部门不断发现和解决新的问题。这其中可能包含技术性的挑战、管理上的难题以及政策实施中的困难。只有通过持续不断的努力，执行者才能确保国家事务运转顺畅，服务群众。

然而，执行过程中往往涉及各方利益的调整。利益集团可能会影响执行主体的决策和手段选择。在这种情况下，执行者必须在保持公平和公正的前提下，审慎权衡各方的利益，避免偏袒某一特定群体，以维护整体社会的利益和稳定。

5. 执行的相对独立性和层次性

在任务启动后，执行机关会利用现有组织架构来实现组织的利用、变革和创新。为了确保任务高效完成，他们会建立一个独立的执行领导小组。这种相对独立的机关性质是根据执行权力的特点和性质来确定的。与决策不同，执行的价值在于提高执行能力和有效性。行政执行是一个系统性的活动，需要许多机构和人员的参与。明确的分工和各司其职是至关重要的。上层行政机关负责指挥和统领全局，而下层行政机关负责具体的操作。这种层次分明的结构有助于任务的有序执行。通过利用现有的组织架构，执行机关能够最大限度地发挥组织资源的作用，确保任务的顺利进行。同时，他们也能够根据任务的需要进行变革和创新，以适应不断变化的环境。执行机关的相对独立性使他们能够更加专注于任务的执行，不受其他因素的干扰。

（二）执行的作用

行政执行在公共行政程序性机制中扮演着重要角色，它连接着行政决策和行政评估，从而确保整个行政系统的有效运转和协调。要想实现良好的行政执行，必须建立合理的行政机构。只有通过科学合理地设置机构，才能够使行政执行的目标更加明确，并为实施行政任务提供有力支持。除了行政机构的建立，还需要培养高素质的执行人员，确保行政任务得到专业、高效的执行。这些执行人员应当具备广泛的知识背景和丰富的工作经验，以应对各种复杂情况，并能够迅速作出明智决策。只有这样，才能确保行政执行的顺利进行，使政策能够落地生根，发挥实际效果。

健全的工作制度对于规范行政执行过程、提高执行效率至关重要。制订明确的规章制度，确保行政决策和执行过程的合法性和透明度，避免违法行为和滥用职权的发生。同时，良好的工作制度还能够激励执行人员积极主动地履行职责，提高工作效率，推动行政执行的顺利进行。

此外，行政执行必须及时进行。政策只有在一定时间范围内才能发挥作用，过时的政策可能会失去其实际意义。因此，及时落实政策对于完成使命至关重要。

衡量行政工作质量的一个重要指标是执行效果。定期评估与纠偏有助于改进管理与提高效率。执行效果不仅反映了行政执行的成果，还关系到组织机构的科学性、人事管理的健全性、领导体制的合理性以及管理手段的灵活性等方面问题。只有不断地总结经验教训，找出问题所在，并及时加以改进，才能不断提高行政执行的水平，为经济发展和社会进步作出更大的贡献。

行政执行活动可以有效推动经济发展、促进社会进步，并创造更有效的管理机制。只有当行政执行得到有效保障，各项政策措施才能够得到顺利实施，为社会的繁荣稳定奠定坚实的基础。

（三）执行的内容构成

1. 执行的类型划分

（1）根据执行任务的渊源，执行可分为执行法律的行政行为和执行公共政策的行政行为。①执行法律的行政行为是指行政机关根据法律、法规或判决文书的规定，对特定的案件或事务进行处理和执行的行为。这种执行具有明确的法律依据和程序，旨在确保法律的实施和公平正义的实现。②执行公共政策的行政行为是指行政机关按照国家政策、方针和决策要求，对涉及公共利益的事务进行处理和执行的行为。这种执行涉及广泛的领域，包括经济发展、社会福利、环境保护等方面，旨在促进社会进步和公共利益的实现。

（2）根据执行任务的性质，执行可分为常规性执行和非常规性执行。①常规性执行是指日常例行的执行行为，如人们常见的行政许可、执法检查、行政监督等。这种执行具有规范性、周期性和可预见性，常常需要执行者具备相应的专业知识和操作技能。②非常规性执行是指特定情况下的执行行为，如突发事件的应急救援、重大项目的实施等。这种执行往往面临复杂多变的形势和问题，需要执行者具备快速反应、协调应对的能力。

（3）根据执行任务的主体，执行可分为单一执行主体和多元执行主体。①单一执行主体是指由具体行政机关或特定组织负责执行的情况。这种执行具有明确的责任和权限，能够实现快速高效的行政执行。②多元执行主体是指多个行政机关、社会组织或个人共同参与执行的情况。这种执行通常涉及多个利益相关方，需要协同合作、资源共享，以实现任务的协调推进和整体效益的最大化。

2. 执行的原则

（1）着眼全局、统筹兼顾。行政机关和执行人员应当始终从整体利益出发，将各方面的因素纳入考虑范围，并积极协调各方关系。通过这种综合性的思考，他们可以推动决策的整体实施，并有效地解决可能出现的瓶颈问题。在全局统筹兼顾的指导下，执行者能够最大程度地实现整体利益的最大化，推动国家和政府目标的达成。

（2）正面激励、跟踪检查。行政机关应当运用合理的激励手段，激发执行人员的工作热情与责任心。这种积极激励可以使他们更加投入工作，以更高效的方式推动决策的贯彻落实。同时，行政机关也需要进行跟踪检查，有效地监督和控制执行过程。这有助于确保执行者严格遵守决策目标和法律法规的要求，及时解决可能出现的问题，从而保证决策的顺利实施。

（3）忠实决策，以决策目标为指导。政府决策目标是行政机关和执行人员工作的指导方针，他们必须准确把握国家意志，全面贯彻决策内容和精神。在执行过程中，执行者应端正态度与位置，不偏不倚地执行工作。对于决策内容，他们应完全遵照要求，绝不擅自改变，确保不偏离决策初衷。通过以决策目标为指导，执行者能够更好地配合政府工作，实现既定目标。

（4）合理安排，要有周详的计划。在执行系统性活动时，必须以有序的方式展开，这要求决策具备阶段性和连续性。从空间角度来看，协调性与同步性需要相结合。行政机关在开展具体工作时，应该有所侧重并具备针对性，确保每一个环节紧密相扣，实现全局的统筹规划。

第一，合理安排。行政机关必须对执行工作进行周详的计划，确保每一个步骤都有清晰的指导和安排，避免出现混乱或冲突的情况。这种有序的安排能够确保工作的高效性和流程的顺畅性。同时，由于执行过程通常涉及多个环节和不同的参与者，因此合理的安排能够协调各方的工作，使整个执行过程更加协调一致。

第二，有重点与针对性。在执行决策时，行政机关应该明确工作的重点，有针对性地解决问题。这样做可以确保资源的有效利用，不会浪费时间和精力在不重要的方面。通过明确重点和针对性，行政机关能够集中力量，提高执行效率，更好地推进决策的落实。

第三，统筹全局。执行工作通常需要处理各种各样的问题和任务，而这些问题和任务之间常常相互影响。行政机关要具备统筹全局的能力，确保各个环节之间相互协调，不会出现局部优化而导致整体效益下降的情况。通过统筹全局，行政机关可以更好地把握全局大势，更好地应对复杂的执行环境。

（5）及时有力、准确迅速开展工作。执行工作需要具备时效性，这意味着必须在合适的时间内采取行动，并且要有坚定的信念和决心去执行决策目标。这对于解决问题和抓住机遇都至关重要。及时的行动可以避免问题的扩大化，及时抓住机遇则能够获取先机，取得更好的效果。在执行工作中，准确迅速同样至关重要。行政机关必须准确理解决策的精神和本质，把握信息的内容和精髓。这样才能在执行过程中避免偏离方向，确保决策的准确实施。同时，现代社会信息传递的速度极快，因此及时传达信息也是至关重要的。只有保持准确迅速的执行能力，才能紧跟时代步伐，不被信息的滞后所拖累。在信息时代，重视执行工作的质量也是非常关键的。只有高质量的执行才能确保决策目标的顺利实现。行政机关要时刻注重提升执行工作的质量，不断总结经验教训，优化工作流程，确保每一次执行都是高水平的，能够真正达到预期效果。

（6）主动创新、灵活执行。执行工作往往面临着多变的环境和情况，因此行政机关和执行人员要具备主动创新和灵活执行的能力。主动创新意味着不满足于现状，要不断寻求新的解决方案和方法。灵活执行意味着在面对各种情况时能够灵活变通，不拘泥于一成不变的执行模式。

主动创新是为了应对环境的不断变化。社会和经济都在不断发展，执行工作也需要与时俱进。行政机关和执行人员要勇于尝试新的思路和方法，敢于打破常规，不断寻求更加高效的执行方式。只有主动创新，才能应对各种复杂的执行情况，确保执行工作的顺利推进。

灵活执行是为了应对多变的情况。执行过程中难免会遇到各种意外情况和变数，行政机关和执行人员必须能够灵活应对，根据实际情况作出及时调整。灵活执行不代表随意行事，而是基于深刻理解决策目标和精神的前提下，灵活地选择合适的方式和路径来推进执行工作。

对于方向性和全局性决策任务，行政机关必须因地制宜，制订合理的执行方案。这意味着不能一刀切，要根据当地的具体情况来调整执行策略。灵活执行是在合理的基础上变通灵活，而不是盲目跟风或随意行事。只有这样，行政机关和执行人员才能在复杂多变的环境中顺利完成执行任务，取得优异的执行成果。

3. 执行的程序

（1）阐释方案。决策制订后，需要向人民阐明决策的内容、目的、背景和精神，使群众易于理解并接受。这意味着政府和决策者应该积极利用大众传媒，以生动化、形象化、具体化的方式传播信息。通过各种媒体渠道，如电视、广播、报纸、社交媒体等，向民众传递决策信息，让广大群众了解政策的来龙去脉。这种阐释方案的做法，对于政策的有效执行至关重要。如果人民了解并理解政策，就更容易接受和配合政府的措施。只有当大多数人支持决策时，决策的执行才会更加顺利，从而为实现决策的目标奠定坚实基础。

（2）制订计划。计划是连接目标与行动的桥梁，缺乏计划将难以实现目标。一旦决策得到确认，就需要制订科学具体的计划来支持其执行。这些计划需要包含时间、空间、人力、财务等方面的安排与统筹，以确保决策目标的顺利实现。计划的制订与执行是相辅相成的。只有制订了合理的计划，才能更好地指导实施决策的行动。同时，在执行过程中也要不断根据实际情况进行调整和优化，确保整个决策实施的顺利推进。

（3）政策实验。政策实验是为了验证政策方案的正确性和可行性，在一定范围内进行的局部性决策活动。在政策制订之前，进行实验是至关重要的一步。通过实验，可以事先发现潜在的问题和风险，避免大规模实施政策带来的巨大损失。实验的过程中，应该严格控制范围和影响，避免影响全局稳定。通过小范围实验，可以快速收集数据和反馈意见，及时调整政策方案，进一步完善和优化决策内容。政策实验的另一个重要意义在于，通过实践积累经验教训，为制订其他政策提供参考。实验结果可以为决策者提供重要的数据支持和实证依据，使政策制订更加科学和有效。

（4）组织落实。在实施政策时，首要任务是组织落实。为了确保政策的顺利执行，必须进行明确的分工，指定专门的组织或人员来负责具体任务的执行。这样做可以保证责任的明确性，避免任务被遗漏或责任推诿。决策目标和方案任务需要逐级分解，并落实到相应的执行人员。这种分解层级可以确保每个层面的执行者都清楚自己的任务，同时也有利于整体目标的顺利实现。此外，必须为政策执行准备好相关的物力支持，包括充足的经费和必要的硬件设备，以创造良好的执行条件。为了确保政策的顺利执行，还需要制订完善的规章制度。这将有助于工作有序开展，防止出现混乱和失误，并最终形成良好的执行风气，保障政策执行的高效和有效。

（5）协调监督。在政策执行过程中，协调监督是不可或缺的。只有确保各方之间的合作和协调，才能在复杂的执行过程中保持整体稳定性和效率。监督控制机构必须根据既定标准对执行机构的进展进行监督。及时发现并纠正执行过程中的偏差是监督控制的核心任务，这有助于确保决策目标的实现。

（6）总结。总结是执行过程中的重要环节，它起到了反馈和提升的作用。通过认真总结，可以帮助公务人员发现执行过程中存在的不足与差错，为改进提供依据。全面分析总结过程中，必须充分听取各方意见与建议，包括来自执行人员和监督机构的反馈。同时，结合自上而下和自下而上的总结方法，可以确保总结的全面性和客观性。总结的目的不仅是发现问题，更重要的是从中汲取经验教训，为下一次执行工作做好准备。通过总结，可以发现成功的因素，找到有效的执行策略，并对照决策目标检查执行结果。在不断总结的过程中，组织可以不断进步，提高执行能力和决策水平，为未来的政策执行工作打下坚实基础。

4. 执行的方式

（1）执行的管理方式。在执行过程中，可以借鉴管理学的价值观念、理念、工具和方法。整个执行架构的核心目标是以效率、效益和经济价值为导向，以此遵循管理理念和价值观念，以提高执行力和有效性。为了实现这一目标，运用了各种管理工具，如法令委托、合同承包、绩效评估等。管理学的价值观念在执行过程中起着指导性的作用。强调组织和个人应当秉持公平、公正、透明的原则来进行管理和决策。管理学的理念则强调在实践中运用各种方法，不断寻求创新与改进。这些理念和价值观念为执行提供了基本的指引和方向。同时，各种管理工具也得到了广泛应用。法令委托使执行者拥有相应的权力和责任，合同承包则有效地约束了执行者的行为，绩效评估则通过对执行结果的量化评估，为改进提供了依据。这些工具的运用使执行过程更加规范化和系统化。除此之外，执行过程中对结果的评估至关重要。通过对执行结果的详细评估，可以发现问题所在，并及时进行纠正。

（2）执行的政治方式。在执行中，倡导运用民主价值观来规范行政权力。政治学的民主、责任和代表性等政治价值在执行过程中得到了体现，以实现特定的执行功能。在执行过程中，政治动员和政治参与等形式被采用，旨在建立代表制度、审查制度和责任制度等民主制度。民主制度的建立使执行者与执行对象之间建立起有效的沟通和反馈机制，确保了执行决策的准确性和及时性。审查制度则可以对执行过程中出现的问题进行监督和纠正，防止权力的滥用和腐败现象。

（3）执行的法律方式。在执行过程中，运用法律的理念、价值和方法来处理各要素的关系是至关重要的。执行结构以依法行政、权力平等和程序正当等法律价值为导向。在这个过程中，宪法至上的原则被重要体现，依法行政的原则也得到了严格遵守。通过确保权利平等，以及通过正当的法律程序来保障利益相关人的切身利益，使执行过程更具公正性和合法性。法律的理念在执行中起到了指导性作用。坚持依法行政，使执行者在执行过程中不会超越其权力范围，确保了行政决策的合法性和合理性。合法的程序性保障使得执行过程更加透明，相关人员可以参与和监督执行过程，有效地防止滥用权力和不当行为的发生。

（4）执行的市场方式。为了实现市场方式下的高效执行，需要打破垄断和壁垒，允许市场的自由竞争。只有在公共产品的提供和安排分开，并根据不同属性采取不同的方式时，市场才能真正发挥其效能。这种多元化的提供主体包括政府、企业、第三部门、社区和私人企业。然而，有趣的是，研究表明市场更倾向于使用私营企业执行公共政策和方案，因为普遍认为它们比政府更加高效率和效益。市场方式的应用范围广泛，特别是在政府基础设施、教育、医疗、消防、养老等管理领域。它为这些公共服务的提供和运营带来了积极的影响，有助于提升公共服务的效能。通过引入市场机制，政府可以更加专注于监管和政策制订，而将资源配置和运营管理交由市场中的多元主体，从而使公共服务更加灵活高效。

（5）执行的伦理方式。在公共行政领域，执行的伦理方式起着至关重要的作用。其核心关键点在于保障行政活动的合理性和正当性。这涉及到公务人员个人道德规范和观念，以及行政主体作为群众及组织机构在行政活动中需要遵循的价值规范与准则。为了确保行政活动在伦理上得到遵循，行政主体需要遵循一定的伦理规范，以约束自身的行为。这些规范涵盖了公共服务的公正、廉洁、透明等方面，为行政人员提供了明确的道德底线和行为准则。

二、公共管理的执行能力培养技巧

（一）明确执行的影响因素

1. 主观人为因素

主观人为因素是政策执行的基础，它牵涉到执行者个体的思想和行为。

（1）合格的执行者需要具备思想政治觉悟、积极的意向和认真的工作态度。他们应当对党和国家的方针政策有深刻的理解，积极支持并自觉贯彻执行。

（2）除了知识结构和管理水平，执行者还需掌握必要的政策执行策略。这些策略涵盖了各个方面，如资源配置、风险管理等。

（3）政策目标涉及利益分配和行为指导，执行的成功还需要行政主体和客体的积极配合。执行者应该善于沟通协调，确保各方利益能够有效平衡，从而推动政策的落地。

（4）目标群众的科学文化素质和思想文化素质直接影响政策执行效果。执行者应当充分了解目标群众的需求和心理，根据实际情况调整政策执行策略，以最大程度地获得群众的认同和支持。

2. 物质利益因素

“利益”是执行过程中的主要驱动力，参与者会根据自身利益的最大化来调整自己的姿态。在政策执行过程中，不同利益相关方可能会出现利益冲突，正确处理利益关系对于政策的成功实施至关重要。政策执行者需要站在全局的角度，综合各方利益，制订出公正合理的政策方案，以促进政策的顺利推进。

3. 体制因素

依法行政是保障政策执行的基本前提。行政机关应该严格按照法律授权进行工作，避免出现随意行政行为。依权行政同样重要，行政机关必须在权力和管辖范围内履行职责，禁止越权行为的发生。此外，依程序行政也是体制因素的重要组成部分。行政机关在执行政策时，必须遵循严格的法定程序，增加政府行为的公开度与透明度，确保政策执行的公正性和合法性。同时，政策监督也是体制因素的重要一环，它能够纠正政策运行过程中的偏差，确保政策能够顺利执行，达到预期目标。

（二）执行能力的优化对策

1. 提高执行人员的综合素质

（1）重视完善执行人员的培训机制，以提高他们的政治素养和专业技能。通过组织内部的培训计划，如举办政治教育课程和专业技能培训班等，帮助执行人员更好地理解组织的核心价值观和政策，提高他们对重大问题的决策能力，加强执行力，更好地应对各种挑战和变化。

（2）强化责任追究制，树立执行人员的责任意识和道德意识。通过建立明确的责任制度和规范，使执行人员明确自己的职责和义务，并为自己的行为负责。同时，还应加强监督和检查机制，确保责任的落实和执行人员的行为符合道德和法律要求。只有建立起严肃、公正和透明的责任制度，才能激发执行人员的工作动力，增加他们对工作的责任感和使命感。

2. 建立适合实际的系统机制

建立适合实际的系统机制是公共执行过程的路径和导航器。为了实现这一目标，需要采取一系列措施。

（1）完善决策程序，通过科学民主的方式进行政策研究和制订。这意味着政策的制订需要广泛的参与和建立在科学的基础上，以确保决策的科学性和合理性。政府应该鼓励公众和专业人士的参与，广泛征求意见，并将公众的声音纳入到政策制订的过程中。

（2）改进政策传播机制，确保公众准确理解政策并参与其中的执行活动。政府需要采取措施，通过各种渠道向公众传达政策信息，如社交媒体和公共活动等。同时，应该提供清晰明了的解释和指导，以确保公众能够正确理解政策内容，并为他们提供参与的机会和渠道。

（3）建立有效的执行制度，明确责任与分工，促进沟通。政府应该明确各部门和相关机构的职责和任务，并建立起协调沟通的机制，以确保政策的顺利执行。

（4）实施科学的评价监督办法，防止政策信息失真。政府应该建立监测体系，定期对政策的执行效果进行评估和监测，并通过科学的方法进行数据收集和分析，以确保政策的有效实施。同时，政府还应该加强对政策执行过程中的信息披露和透明度进行监管，防止出现不正当行为和信息失真的情况。

（5）推动公民的积极参与，实现公共政策的社会化执行。政府应该鼓励公民参与社会事务，并提供相应的支持和激励措施，如提供培训机会和奖励，以鼓励公民积极参与公共政策的执行工作。同时，政府还应该与社区组织、非营利组织和私营部门合作，共同推动公共政策的执行，实现更好的社会效益。

3. 合理划分事权

地方政府在处理本地事务时拥有一定的决策权，这种权力是有限的，并且必须与中央政策保持一致。虽然地方政策决策权是针对本地情况的，但必须在中央政策框架下进行。它实质上是中央政策执行的一部分，旨在服务中央政策目标。政策执行的关键特点在于遵循政策目标，并致力于为其服务。因此，地方决策不能与中央决策相悖，而应在中央政策的指导下进行。这确保了整个国家的政策执行的一致性和协调性。

除此之外，还需要建立跨部门、跨地区的政策执行机制，以防止不同部门、地方在执行同一中央政策时出现不一致的情况。这有助于避免政策执行措施之间的冲突，确保各地区按照相同的标准执行政策。

在确保中央政策一致性的前提下，地方政府可以根据本地实际情况作出一些灵活的决策。这些决策应该与中央政策保持一致，以确保国家整体目标的实现。政策执行的成功依赖于地方政府与中央政府之间的密切协作和沟通，以形成有效的执行策略。

4. 加大执行资源投入，建设良好的执行环境

人力、财力、物力和时间等是政策执行中至关重要的资源，是政策执行的后勤保障。为确保政策得以顺利执行，中央政府应合理利用公共资源，并增加对困难地区的资源投入。这样做可以保障政策的实施。地方政府也有责任付出努力，充分发挥本地资源的优势，为政策执行提供坚实的支持和后盾。只有这样，政策才能在地方层面有效贯彻。另外，为保持政策执行的权威性和强制性，需要不断完善各类法律法规。法律法规的健全和执行，对维护法治起着至关重要的作用，对政策执行主体和受益对象产生威慑，确保政策得到有效落实。此外，需要采用合理的方法，加强对社会群众进行爱国主义教育，培养公民正确的世界观、人生观和价值观，特别是对政策执行主体进行教育。这样，执行主体才能成为表率，起到引领和激励他人的作用。

（三）执行能力的提高技巧

1. 感化胜于强制

（1）以身作则，成为群众的良好榜样。只有通过身体力行、率先垂范，才能赢得群众的尊重和信任。执行人员要时刻保持慎独、廉洁的品质，做到言行一致，遵循道德底线。这样一来，他们才能以身作则，用自己的行为来影响和感染身边的群众。

（2）个人魅力可以起到感染和影响群众的作用。执行人员应当注重自身素养的提升，不断学习和进步。通过增加专业知识和技能的储备，更好地履行工作职责，具备说服群众的能力。同时，要与群众建立亲近的关系，关心他们的需求和利益。通过与群众的沟通和交流，更好地了解群众的心声，因而能够更加准确地把握执行工作的方向和目标。

2. 谨慎使用手中的权力

（1）谨慎使用权力。执行人员在行使权力时，要时刻谨守法纪，不得以任何理由和借口违法乱纪。尤其在面对原则性问题或者紧急情况时，必须坚决果断地作出决策和行动。同时，要善于利用自己的影响力来推动执行工作。通过正确的沟通和协商，将自己的观点和意见传达给相关人员，并说服他们积极配合工

作。在决策和执行过程中，兼顾各方利益，确保执行效果最佳。

（2）奖惩公正透明，实事求是。执行人员应当根据实际情况进行判断和决策，不偏不倚地对待每一个案件和每一个人。只有如此，才能赢得群众的信任和支持。同时，要注重提高自身的公信力和公正性，避免权力滥用和任意妄为的行为。通过合理的奖惩措施，他们能够更好地推动执行工作的开展，维护社会秩序和公共利益。

3. 化解冲突，积极执行

在执行任务时，执行人员常常会面临意见不一致的情况。为了避免冲突升级，要智慧地选择回避，在冷静沉思后再与他人进行有效沟通。当面对那些似乎无法找到理想解决方案的复杂问题时，要懂得妥协的重要性。妥协虽然不能达到最佳解决方案，但在双方都能获益的情况下，它是一个暂时有效的手段。

执行人员要深知，解决困难不仅需要个人的努力，更需要团队的协作。要努力培养群体意识，重视每个团队成员。审时度势，确保团队凝聚力和战斗力的持续提升。

通过协作，执行人员能够超越个人利益，将集体目标摆在首位。他们深知团结一致的重要性，因为只有共同努力，才能在面对种种挑战时一路突破。在追求目标的过程中，他们在团队中建立起信任和尊重，让每个成员都感受到自己的价值和重要性。

第五章　公共管理人才创新培养路径

第一节　高校公共管理人才培养路径

“随着我国社会、经济的快速发展，公共组织结构的不断优化，需要的公共管理专业化人才数量逐渐上升。”[1] 高校是人才培养的主要场所，为了满足发展需求，高校公共管理学科体系和人才培养模式需要重生再构，才能适应当下的需求，紧跟时代发展。

一、明确公共管理工作的转变

（一）向服务的理念转变

在公共管理领域，政府正经历着一场从以政府为中心向以公民为中心的管理理念的转变。这一转变的目标是将政务服务变得更加主动、精准和便捷，从而提高群众的满意度。为实现这一目标，政府正在不断简化和优化办事流程，以方便企业和群众。实施服务供给侧结构性改革，体现了以人民为中心的发展思想。政府通过聚焦群众的需求和利益，以更加务实的态度为公众提供服务。这种转变强调了公共管理与公民之间的紧密联系，以确保政府的服务真正符合公众的期望和要求。

（二）向创新的内容转变

随着社会的发展，政府面临着不断增长的公民诉求，因此创新成为必然的选择。为了更好地满足公众的需求，积极实践公共服务内容的创新，公共管理工作正趋向于提供更整体化、动态化的服务。

[1] 李阳 . 供需矛盾视角下高校公共管理类人才培养改革途径 [J]. 科技资讯，2020，18（1）：230.

数字时代为公共管理带来了前所未有的机遇，政府正在利用数字技术来更高效地应对变革。政府通过数字化手段，更迅速地捕捉到社会的变化和公众的反馈，从而加快公共服务的创新步伐，使创新的时效性得以突显。

（三）向多元的手段转变

多元化的技术手段成为推动公共管理创新的重要驱动力。政府正积极探索信息技术、物联网、大数据、人工智能等技术在公共服务中的应用。借助传感器技术，政府能够实现自动监测与预警，及时应对各种突发情况。网络和物联网的应用使公共服务业务流程实现自动化，从而更加高效地响应公众需求。大数据和人工智能也为公共服务提供了全新的可能。通过对海量数据的分析，政府可以实现个性化、无感化的公共服务。这意味着公民将获得更加贴近个人需求的服务，从而提高满意度和信任度。区块链技术在降低交易成本、简化业务流程方面具有巨大潜力。政府正积极推动信用中国建设，通过区块链技术确保交易的安全可信，进一步增强社会信用体系的可靠性。

随着技术的不断进步和完善，公共管理的技术生态正在形成，这将激发更大的应用潜力，使公共服务变得更加高效、智能化。为适应多样化与快速迭代的工作手段，公共领导者也面临着新的挑战。他们需要不断提升学习能力和沟通技巧，以更好地领导团队，引领公共管理的创新与发展。

二、公共管理人才的特点与培养目标

（一）公共管理人才的特点

高校公共管理专业旨在培养能在地方公共部门从事管理工作，为公众提供公共产品和公共服务的应用型人才，其所具有的特征表现如下。

（1）公共性。公共管理人才必须具备公共意识，以满足公众需求为导向，为公众提供公共产品和服务。他们的职责不仅是为自身或特定群体服务，而是要着眼于整个社会，为所有公民创造更好的生活条件。

（2）层次性。公共组织通常分为高层、中层和基层。这意味着不同层次的管理者需要具备不同的素质和能力。高层管理者需要有全局把握能力和决策层面的远见，中层管理者需要有执行力和组织协调能力，而基层管理者则需要实践经验和问题解决能力。

（3）复合性。公共管理人才需要掌握多学科知识。政治学、经济学、社会学、管理学等领域的知识对他们来说都至关重要。在现代复杂的社会背景下，他们还必须具备概念能力，以便理解和分析复杂的公共政策问题，同时还要有出色的人际沟通能力和各类管理技术能力，以便有效地与不同利益相关者进行沟通合作。

（4）动态性。公共问题随着时代和社会的发展而不断变化，因此公共管理人才的知识和能力也必须与时俱进。他们需要不断学习新知识，关注社会变革，紧跟时代步伐，以适应不断变化的挑战。这种动态特征使公共管理人才能够在不断变化的环境中保持竞争力，为社会发展作出更大的贡献。

（二）公共管理人才的培养目标

高校公共管理人才的培养目标是多方面的。①要能够适应国家和区域经济社会发展的需要。这意味着他们必须紧跟时代的步伐，了解并适应不断变化的社会环境和经济状况。②掌握公共管理学科基础知识和相关专业知识，包括政府管理、公共政策、组织行为学等方面的知识。只有通过深入学习和研究，才能够在实践中做出明智的决策和管理。③具备强大的社会适应能力和公共管理类专业实践能力。这意味着他们需要具备良好的沟通和协调能力，能够在多元化的环境中有效地与各方利益相关者合作。他们也需要通过实践活动来增强自己的管理能力，如参与实习项目或与组织合作解决实际问题。④有高度的社会责任感、良好的职业素养和现代公共精神。高校公共管理人才必须以社会福祉为首要目标，关注公共利益，具备道德和伦理的素养，还应该具备继续深造的能力。

三、增加前沿信息的课堂应用

高等教育必修课是高校依据国家、社会对人才培养质量的要求所设立的高校生必须掌握的基本知识内容，而选修课是高校根据自身的办学条件、师资水平所开设的用来培养学生学习兴趣、促进学生全面发展的课程。公共管理人才的全面发展需要融合学生共性与个性，只有必修课和选修课相结合，才能有助于人才培养质量的提升。

课程讲授是高校教学工作的主要形式，通过丰富多样的教学方法和资源，帮助学生深入认识数字时代技术的发展趋势，以及建立扎实的知识体系。教师们积极引导学生思考数字化对各行各业的影响，并通过案例分析、实践训练等方式，让学生从理论和实践层面感知到数字化对现实生活和职业发展的影响。

为了提升学生对数字化发展与应用的认识水平，高校可以在现有课程中增加数字化专题。通过在相关专业课程中引入数字化技术知识和应用案例，学生可以更全面地了解数字化对各个领域的影响，培养他们对数字化发展的敏感性和理解力。这些专题不仅有助于学生掌握相关技能，而且能够增强他们对数字化领域工作的兴趣和动力。

此外，高年级同学还可以参加前沿类课程，如公共管理领域的最新发展课程。这些课程通过介绍最新的政策制订、行政管理等领域的案例和理论，帮助学生了解公共管理领域在数字时代所面临的挑战和机遇。通过深入学习和讨论，学生可以进一步提升自己的专业认同感和学习兴趣，为未来从事公共管理工作打下坚实基础。

为了更好地引导学生认识数字时代的公共管理工作，高校应积极支持教师参与公共管理领域研讨会议，并与业务实践部门加强合作。教师们通过参与行业内的研讨交流，了解最新的发展动态和行业需求，从而能够将最新的理论知识和实践经验带入教学中，更好地培养学生的专业素养和实践能力。与业务实践部门的合作将为学生提供实践机会和实际项目参与机会，使他们能够亲身体验数字时代公共管理工作的挑战与乐趣，并提前了解行业内的运作模式和需求，从而更好地为未来职业发展作准备。通过这种全方位的教育方式，高校可以更好地引导学生认识数字时代的公共管理工作，并为他们的职业发展提供全面的支持和指导。

四、引导学生提升综合能力

（一）夯实专业知识，提升知识储备

1. 提倡学生“主动”学习

“主动”学习是指学生不仅仅是被动地接受教师传授的知识，而是积极主动地参与学习过程。这种学习模式鼓励学生提出问题、主动探究，并通过积极讨论与思考来增进对知识的理解。通过主动学习，学生可以养成良好的学习习惯，如自律、坚持不懈以及明确学习目标。这些习惯将成为他们未来学习生涯的宝贵财富，使他们在学业上更具竞争力。

2. 多渠道丰富自身知识体系

现代社会信息爆炸，学生有幸能够利用慕课、网课、社会实践等多样化学习资源。通过这些渠道，学生能够了解到更广阔的知识领域，拓展自己的视野。此外，多渠道学习也有助于学生发现自己的兴趣和潜能。在稳扎稳打地积累知识的过程中，学生将逐渐形成全面发展的素养，为未来的发展打下坚实基础。

3. 发挥校园文化环境的作用

学校不仅是知识的传授者，更是道德品质和价值观的培育者。通过开展丰富多彩的校园活动，学生将在游戏和竞赛中学会合作与竞争，感受成功与失败。这些经历将帮助他们培养自信心和应对挑战的勇气。此外，校园文化环境也促进团队合作、友善交往等社交技能的培养。这些技能不仅在学业上有所助益，也对学生日后的职业生涯和社会融入都具有重要价值。

（二）加强创业实践，培养创新精神

在鼓励学生参与创业活动方面，学校应当积极促进学生参与各类创业大赛，无论是学校内部的竞赛还是省市级乃至其他教育组织的创业比赛。通过这些活动，学生们可以提高自身的知识水平、创业能力，并获得宝贵的创业实践经验。

学校还应当鼓励学生积极参与学校的管理活动，包括加入学生组织和社团等。通过参与管理活动，学生们可以了解创新实践和组织管理等方面的知识，提升他们在创业实践和管理方面的水平。这样的经历能够让学生在未来的创业道路上更加从容和自信。

在学术创业理念方面，学校应当引导学生转变观念，让他们认识到学术创业并不限于创办公司或参与他人的创业项目。学术创业可以是多样化的，涵盖了从科研成果转化到知识产权运营等多个领域。因此，学生们需要树立正确的学术创业观，拓展自己的创业视野。同时，学校还应当注重培养学生的创新精神。学生们应当明确自己的精神追求，认清个人在社会中的定位，努力发展创业精神。这样的精神追求可以使学生们在创业过程中更加坚韧不拔，勇于面对挑战，从而更有可能获得成功。

在思想教育方面，学校可以以中国梦为思想基础，帮助青年学生树立正确的价值观。学生们应该热爱中华民族，理解社会经济发展规律，并以此为价值判断的标准。这样的思想教育可以引导学生们在创业过程中坚守社会主义核心价值观，关注社会的发展和进步，从而实现自我与社会的双重价值。

在学生创业过程中，学校应引导学生注重实现自我和社会的价值平衡。学生们在追求物质利益的同时，也应该关注社会责任和精神追求。创业不仅是为了追求个人利益，更是为了社会的繁荣与进步。因此，学生们应当明确自己的社会责任，通过创业实践来回馈社会，让自己的创业之路更具意义与价值。

五、加强地方高校本土化建设

（一）突出高校的办学特色

高校公共管理人才的培养是一项极为重要的任务，而首先要考虑的是学生在德、智、体、美等方面的协调发展。单纯追求知识和学术能力的提升是不够的，学生还应当在道德品质、智力水平、体魄健康以及审美情趣等各方面得到全面的发展。因此，高校需要制订一系列人才培养计划，着重培养学生的基础知识，打下坚实的学科基础，同时注重培养学生的创新和实践能力，让他们在未来的职业生涯中游刃有余。

在地方高校，培养人才要以“育人树德”为出发点，摒弃功利化思想。要关注学生的品德培养，不仅仅是追求学术成绩和职业技能，更要培养学生做一个有道德、有责任心的社会成员。这样的教育理念有助于提升整个教育事业的质量，使教育成为社会进步的推动力。

为了确保人才培养的有效性，高校需要结合人才培养规律和社会发展状况来制订培养目标。这样做不仅可以使学生更好地适应社会需求，还可以体现出学校的特色和专业需求。因此，高校需要调整培养目标，增加科研和社会服务方面的内容，致力于培养更多具备高素质、有社会责任感的人才，以满足经济和社会的快速发展需求。

在制订人才培养目标时，高校也要充分考虑内外部环境以及生源质量等因素。高校应该力求制订特色鲜明的人才培养目标，将培养的方向与社会的发展需求相契合。这种导向价值的人才培养模式，使学生在求学过程中能够明确自己的目标，并且能够在实现个人价值的同时，为社会的进步贡献力量。

（二）规范人才培养教育经费的投入和使用

（1）加大经费投入力度。政府应当采取更积极的措施，增加高校的经费投入，以推动整个教育体系的优质发展。这不仅有助于提高高校的教育质量，更是为社会培养更多优秀的公共管理人才。通过加大经费投入，高校将能够更好地引进优秀的教师团队和研究人员，吸引更多的学生报考，从而形成良性循环。在增加经费投入的同时，政府还应特别关注新建地方高校的发展。通过补偿性投入，新建地方高校能够更好地为地方经济服务。这将进一步促进地方的经济和社会发展，提升当地的整体教育水平，为人才培养和创新提供更加有力的支持。

（2）合理调整经费支出。政府和高校管理层应当共同努力，确保经费的有效利用。在资金分配方面，要合理安排科研和教学等方面的经费，确保这些关键领域有充足的支持，从而推动高校教学与研究水平的不断提高。为了杜绝资源浪费，高校需要规范学校建设和教学设施的管理，建立有效的维护制度，保障设施的正常运转，防止因疏忽而造成的不必要损失。同时，要督促学校管理层严格遵守经费使用规定，确保资金流向的透明度和合法性。

（3）积极拓展办学资金来源。高校要确保专款专用，将经费重点用于提高人才培养质量。通过对教育资源的合理配置和利用，高校能够更有效地培养出适应社会需求的优秀毕业生。高校要引入竞争机制。例如，对学生超市、学生食堂和其他学校基础设施建设采取工程招标的方式，节省教育资金并提升服务和建设质量。通过与优秀企业建立合作机制，高校能够更好地融入社会需求，实现人才培养与市场需求的有效对接，为学生的未来就业提供更多机会和选择。高校应注重毕业生的力量，建立捐资制度体系和母校办学基金会，让校友和社会各界有机会参与到高校的发展中来。这些资金的筹集和投入将进一步促进高校的发展，提高整体教育水平。

（三）加强公共管理学科与教学体系建设

1. 引进高水平学科教师

在学校追求卓越的发展过程中，引进和培养高水平的学科教师显得尤为重要。学术人才通常在自己的领域内具有丰富的知识储备和前沿的研究成果。他们的到来不仅能够带来新的教学内容和方法，还能够激发学生的学术热情，推动学科的快速发展。学校应当充分利用经验丰富的专家教授。这些专家教授在教学和研究方面有着丰富的经验和深厚的造诣。通过他们的教导和指导，新人教师可以更好地适应学校的教学理念和教学方式，迅速成长为合格的学科带头人。学校需要制订科学的评估标准和选拔流程。通过公开、公正、公平的选拔机制，可以保证每一位优秀的教师都有机会成为学科带头人。这样的机制也将激发其他教师的积极性，不断提高学科带头人队伍的整体水平。

2. 创新公共管理教学方式与方法

公共管理教学方式的创新是确保学生综合素质提升的关键。学校要鼓励教师发挥个人优势，采取灵活多样的教学方法，以满足不同学生的学习需求。通过与学生的深入交流和了解，教师可以更好地把握每个学生的学习风格和潜力，帮助他们在专业领域取得更好的发展。学校教育应注重培养学生发现问题与解决问题的能力。学生在解决实际问题的过程中，将学到更多的专业知识和技能，培养分析、判断和决策能力，这些能力在他们未来的职业发展中将起到至关重要的作用。除了专业能力，学校还要强调学术规范和学习习惯的养成。学生应该学会如何查找可靠的学术资料，如何正确引用他人的研究成果，并且遵循学术诚信的原则。这样的学习习惯将伴随学生终身受益，确保他们在未来的学习和工作中能够持续成长。

3. 加强公共管理师资队伍建设

提高教师的地位、保护教师的权利和发展、提高教师的薪资和福利待遇，使教师成为受人尊敬的职业。高校要实现协调发展、内涵发展、开放发展和可持续发展的目标，就需要打造一支具有高尚的职业道德、无私的敬业精神、充满朝气的专业教师队伍。

（1）加强教师队伍制度建设。

第一，建立严格的教师引进制度。专注于加强学科建设，引进高层次人才和领军人才；制订切实可行的人才引进方案，实施“人才引进计划”和“名师工程”等重要举措。通过这些措施，构建一个结构合理、品德高尚、科研能力强的师资队伍，为高等教育的可持续发展奠定坚实基础。

第二，推行教师聘用制度改革。建立科学的高校教师聘任制度，确保学校与教师法律地位的平等，转变教师职务终身制，采用多种形式聘用高层次人才，以及公开招聘高层次人才等方式来激励和选拔优秀的教师。引入校转岗制度，将编制人员转聘为专职教师，进一步优化教师队伍的结构和素质。这些改革举措的目标是确保教育资源的合理配置，同时也让教师在职业发展中有更多的选择和机会。

第三，规范人才流动制度。各级政府要建立并完善相应的人才流动政策和制度。同时，地方高校也积极参与其中，落实人才流动相关制度。通过这些措施，发挥高素质教师在地方高校和地方经济发展中的积极作用，实现人才资源的优化配置，进一步推动当地教育和社会的共同发展。

第四，健全教师考核评价制度。加强教学绩效考核，摒弃传统的资历观念，倡导建立竞争观念。通过实行年度个人评估，采用定性和定量相结合的方式，以及建立年度考核与日常抽查相结合的方式，通过完善的考核制度激发教师的积极性，使其对教育事业充满责任感。只有教师们在工作中以身作则，发挥无私奉献精神，才能真正推动教育事业的蓬勃发展，造福更多的学生和社会。

（2）加强教师队伍发展。在推进区域经济社会均衡发展的过程中，加强教师队伍建设被视为一项长期系统工程。这需要政府、社会和学校共同贯彻党和国家的教育方针政策，尤其是地方高校应该朝着建设“双一流”高等学校的目标不断前进。

第一，统一思想、提高认识。高校应加强宣传和教育活动，明确教师队伍建设的目标，提高办学质量和特色。唯有如此，才能够确保教师队伍建设朝着正确的方向发展。

第二，加强师德师风建设。教师是加强学生思想政治教育的关键。高校必须加强思想政治理论课的建设，使各类课程与思想政治理论课相辅相成，形成协同效应，以满足学生全面发展的需求。

第三，坚持教书育人的宗旨，同时注重讲教统一，重视社会对人才的实际需求。只有将学术自由与学术规范相结合，才能真正加强师德师风建设工作。这种均衡的发展方式有助于培养德才兼备的优秀人才，为社会和经济发展贡献更多智慧和力量。

（3）完善教师培养体系。在高校教育质量提升的过程中，教师扮演着不可替代的关键角色。为了进一步提升高校教师的继续教育培训效果，高校所在省份采取一系列制度和激励措施。其中，针对公共管理类专业学生培养需求，高校需要大力完善教师的继续学习体制。为了确保教师队伍的年轻化和专业化，教育部实施了青年教师教育培养计划，并重点推进了“青年骨干教师培养计划”。这一计划旨在培养年轻教师成为优秀骨干，为高校教育的可持续发展注入新的活力。

（4）加强高层次人才梯队建设。高素质教师是高水平学科建设的首要保障，也是组建高水平师资队伍的关键手段。为了解决目前高层次人才短缺的问题，高校需要加强高层次人才的培养。在此过程中，高校应坚持以一流目标为导向，以学科为基础，以绩效为杠杆，以改革为动力，加强专业学科团队的建设。为了吸引更多优秀的教师加盟高校，相关部门需要提供更多的支持措施。其中包括增加人员配备，提供更丰富的科研经费和课程建设经费等。这些举措将有助于营造良好的工作环境，激励优秀人才积极投身教育事业，并且为他们的教学和科研活动提供更多的资源支持。

4. 做好教学评价

教学评价是公共管理人才培养体系中不可或缺的一环。它的功能在于及时收集对公共管理人才培养目标和过程的反馈意见，揭示其中存在的问题和不足，以推动高校不断完善培养体系并提升培养质量。为达成这一目标，高校应采取以下具体措施：①认真审视学生所提供的教学反馈意见；②避免将教学评价简单化为形式主义；③针对有效的教学反馈意见，高校应着手制订切实可行的教学改进方案，并将其付诸实际行动。

六、公共管理人才培养质量评价体系的构建

高校应依据地方经济社会发展的实际和自身办学条件与特色，建立一套属于自身的质量评价体系。

（一）公共管理人才培养质量评价体系构建的原则

（1）公共性原则。评价体系的导向应当以满足公众需求、实现公共利益最大化为基础。在设计评价标准和指标时，务必充分体现公共性特征，以确保评价的公正性和客观性。评价主体必须代表公众的价值取向，并着重考虑评价活动的社会效益。

（2）科学性原则。评价过程应当以科学理论为指导，遵循公共管理实践的

客观规律。为此，选择评价主体时应具备代表性和典型性，评价内容设计必须符合公共领导者所需的知识与技能。同时，在信息搜集过程中必须确保客观公正，评价方法应综合运用定性与定量相结合，确保评价结果的准确性和全面性。

（3）系统性原则。评价过程中涉及的目标、规划、实施、结果运用等环节必须统筹考虑，紧密围绕提高公共管理人才培养质量的宗旨。在评价内容设计上，必须综合考虑专业技能与通识素养，关注公共管理关键素养以及个体全面发展的要素。只有将这些环节有机地结合起来，评价体系才能发挥其最大的效益。

（4）时代性原则。公共管理人才必须与时俱进，紧跟时代发展步伐。因此，评价体系必须及时调整和更新，特别是在评价内容设计上要体现时代特色，以适应公共管理新形势的需要。只有这样，评价体系才能保持有效性和持续性。

（二）公共管理人才培养质量评价体系的内容

1. 人才培养质量评价体系的评价主体

在公共管理人才培养的质量评价体系中，评价主体的多元化是至关重要的。公共管理人才具有公共性特征，因此评价主体的构成应当多样化，包括教育系统内部评价、公共组织评价、社会评价以及第三方评价等各方面。

（1）教育系统内部评价。教育管理职能部门通过对人才培养方案、教学质量和师资情况等进行评价，保障整体教育水平的提高。学校自我评价则关注人才培养的目标定位、培养模式以及办学条件等方面，不断优化和完善培养方案。此外，教师评价和学生自我评价也是教育系统内部评价体系中的重要组成部分。教师评价主要通过对学生学习表现的观察和分析，促进教学水平的不断提高；而学生自我评价则是学生对自身知识和能力的客观反思，从而激励其自我提升。

（2）公共组织评价。作为公共领导者工作的主要机构，公共组织具备一定的专业性和针对性，能够明确人才应具备的能力。公共组织评价的结果将直接影响公共管理人才培养的方向和重点。

（3）社会评价。通过收集公众、家庭以及毕业生的满意度和反馈意见，可以客观地了解公共管理人才培养质量的实际情况。社会评价不仅能为公共管理教育提供参考意见，还能促进教育的持续改进。

（4）第三方评价。第三方评价主要应用于经济组织，在公共管理类人才的评价中尚不常见。然而，随着公共管理职业化水平的不断提高，引入第三方评价将成为一种经济实用的评价办法。第三方评价的独立性和客观性能够有效地避免主观偏见，为公共管理人才培养质量的评估提供更为全面和准确的数据支持。

2. 人才培养质量评价体系的评价内容

在公共管理人才培养质量评价中，建立评价指标体系是整个评价过程中最关键的环节。为了全面准确地评估人才培养的质量，可以采用输入、过程、输出和结果模式来构建指标体系，这四个方面涵盖了评价所需的各项要素。

（1）输入。它包括有形资源和无形要素。有形资源涉及专业建设经费的投入、师资队伍水平，以及实践教学基地建设等方面。而无形要素则包括人才培养的理念、目标和模式等。这些因素直接影响着人才培养的基础和方向，因此对其进行科学评估至关重要。

（2）过程。这一环节涵盖了整个教育教学过程，包括学生接受专业教育的质量、学校的管理水平、校园文化对学生的熏陶等。在这些环节中，学生的知识、素养和能力将会不断改变和提升，因此需要对过程进行仔细评估，以确保人才培养的有效性和全面性。

（3）输出。即学生在高校学习过程中全面能力在未来公共管理实践中的显性表现。这包括了学生在公共管理工作中所展现的各项能力，如领导力、沟通能力、决策能力等。评价这些输出能力有助于了解人才培养是否达到了预期的目标，并且能够为未来的改进提供参考。

（4）结果。学生从事公共管理工作后，其工作表现直接影响公众对其的满意度。因此，将学生在实际工作中的表现与公众的评价结合起来进行综合评估，可以全面地了解人才培养的成效和影响。

第二节　政府公共管理人才培养路径

一、政府创新型公共管理人才培养目标

在培养创新型公共管理人才方面，强调理论知识与业务能力并重。政府部

门重视对基础理论知识和实践技能的同步培养，以确保公共管理人员在实践中能够运用扎实的理论知识进行决策和解决问题。创新型公共管理技能培训也得到加强，以适应不断变化的社会需求，提升政府公共管理水平。

公共管理领导者作为政府形象的代表，需具备以身作则的能力和良好的心理素质。他们应当全心全意为人民处理公共事务。同时，为保持心理健康，在面对各种压力和挑战时，公共管理领导者应建立良好的心理支持系统，加强心理素质培养。

在处理公共事务时，统观全局和正确决策的能力是公共管理人才必备的素质。政府管理层应充当决策者的角色，深入了解事态发展趋势，从公共管理服务对象的长远利益出发，采取明智的决策，妥善处理各类公共管理事务。这样做不仅能够保障地方的稳定和谐，还能推动社会的持续发展。

二、政府创新型公共管理人才的培养措施

（一）严格把握招聘环节，完善公共管理用人机制

在公共管理领域，确保招聘合格的人才至关重要。为此，相关部门要坚决严把公共管理人才招聘关，明确所需人才的标准，注重候选人的理论知识和实践技能。这样的措施旨在确保选聘的人才能够胜任并履行其在公共管理中的职责，为社会和国家作出积极贡献。

为了更广泛地吸引人才，相关机构要积极丰富公共管理人员的选拔渠道。这包括纳入国有企业和事业单位的人才，使更多有志于公共管理领域的人才有机会参与到这一重要工作中。这种多样化的选拔渠道不仅能够拓展人才来源，而且有助于融合不同背景和经验的人才，从而为公共管理领域带来更加丰富的智慧和创新。

除了优化招聘渠道，还需要进一步完善选人用人机制。在这个过程中，建立科学合理的考核、奖惩和晋升机制是至关重要的。通过对公共管理人员的绩效和表现进行客观、公正的考核，可以更好地发现和激励优秀人才。同时，为那些在公共管理领域表现出色的人员提供晋升的机会，让他们有更大的发展空间和职业发展前景，进而激发更多人的积极性和创造力。

（二）注重培训管理，提升人才综合能力

在推动公共管理体系的提升和完善方面，政府扮演着至关重要的角色。为了确保公共管理人员在专业领域内始终保持优秀水平，政府应当加强对继续教育的管理和支持。首要之举是建立全面的培训政策文件，明确培训计划、经费、时间和内容等方面的要求。这将确保培训计划的针对性和有效性，让公共管理人员在学习中有所依循，不至于盲目进行。

政府可以利用现有的教育资源，为公共管理人员提供丰富的培训课程，以便提升他们的理论知识和实践技能。这些培训课程涵盖法律法规、行政管理、政策制订和公共服务等多个方面，从而确保他们具备全面的能力去应对复杂多变的实际工作。

除了理论学习，公共管理人员也应当积极参与基层项目建设。通过亲身参与项目决策和实施，他们可以锻炼自己的决策力和判断力。此外，与社区居民的互动将有助于提升他们为人民服务的热情和责任感。在这个过程中，经验丰富的管理人员可以给予他们宝贵的协助与指导，让新晋公共管理人员更好地融入到工作中。

政府部门也可以通过上下级交流的方式来培养公共管理人员。让他们有机会到其他单位或不同层级工作，既可以丰富他们的理论知识，也有助于提高他们的领导能力和创新意识。通过与不同地区、不同部门的交流，他们能够更全面地了解公共管理的多样性和复杂性，为今后的工作积累宝贵的经验。

（三）改善人才晋升机制，完善社会保障政策

政府应建立县以上机关职级并行制度，将公务人员的职级、职务和待遇联系在一起，并改进薪资调整机制，以激发公共管理人才的积极性。这样能够吸引那些具备较强专业理论知识、业务能力和创新能力的员工全身心地投入到工作中，从而根本性地提升政府的公共管理水平。政府进一步推进城乡社会保障机制的统筹，着力实现基础养老金的全国统筹。这样的举措将有助于解决公共管理人员退出公务人员队伍后可能面临的后顾之忧。

第三节　校政合作背景下的公共管理人才培养

一、校政合作培养人才的必要性

“校政合作是加快高水平应用型人才培养的重要手段，更是推动本科高校向应用型转变和教育领域人才供给侧结构性改革的理智选择。”[1]

政府在研究生培养方面拥有显著的信息和资源优势，其生源主要来自政府部门，因此政府的支持对于学员的成功至关重要。在公共管理实践中，政府积累了丰富的案例和治理难题经验，这为研究生的培养提供了宝贵的素材和借鉴。此外，地方党政领导干部还可以担任校外导师，为学员提供指导和实践经验。

政府面临着培养各类人才的现实需求，特别是在公共管理部门，大部分研究生是地方政府公务人员，其中很多是定向培养。为了确保培养出符合地方经济社会发展需要的人才，政府需要密切关注培养何种能力。因此，政府需要与高校建立合作关系，保持有效的互动，以确保高校的人才培养与地方实际需求相契合。这种合作可以使高校更好地了解政府对人才的需求，调整和优化课程设置，以更好地满足培养目标。政府与高校之间的紧密联系还能促进知识与实践的结合，为研究生提供更广阔的发展平台。政府的资源支持也能为高校提供更好的教学设施和师资力量，提高研究生培养的整体质量。

二、校政合作培养人才的实践路径

在政府主导下，以满足需求者与政府之间的紧密联系为出发点，建立一种新型的公共管理人才培养模式。这种培养模式着重考虑政府的导向作用，立足于地区的实际情况，按照市场规律来培养公共管理领域所需的人才。其核心目标是建立一个以政务管理与服务为专业方向的人才培养体系，将课程紧密围绕政府政务服务中心的案例和实践教学展开。

在实践教学中，教材发挥着至关重要的作用。教育者们采用了一种新的教学

[1] 游韵，伍度志，包玉．校政合作背景下应用型本科高校“双基地”实践教学模式研究[J]. 教育观察，2022，11（22）：50.

方法，将传统的“书本”知识与新实践相结合。这样的多模块实践课程填补了传统理论教学的不足，使教学内容与实践紧密结合，为学生提供了更加全面和实用的知识。

学生们成为了教学过程的主体，教育方式也由原来的灌输式转变为探究式教学。小组教学成为新的教学组织形式，互动式、问题式以及案例教学等方法被广泛采用。教学着重引导学生通过书本理论和政府政务实践问题的探究，从而实现教师指导角色向任务驱动式和探究式学习的转变。

在师资队伍建设方面，学校采用了“请进来”和“走出去”相结合的方式。通过“请进来”，扩大了实践教学队伍的规模，让实践导师来为学生们进行讲座，向学生们介绍真实的市审批制度改革等实践内容。而通过“走出去”，教师们也得到了挂职锻炼的机会，深入了解并掌握新理念和新技术，拓展专业实践经历和能力。

第六章　公共管理能力建设与中国化体系发展

第一节　大数据技术背景下的公共管理创新发展

“计算机技术的迅速发展，让公共管理获得了更多活力，大数据时代的到来，让传统的管理方式得到改善。”[1]借助大数据技术实现全新发展与研究，也促进大数据与公共管理实现了更好的融合与发展。因此，从一定技术水平来看，改进传统公共管理模式，努力形成以大数据为依托的新模式与新方法，这对传统公共管理来说，可以全面提升其管理工作水平与工作效率。

一、大数据技术背景下公共管理创新的机遇

对于大数据的价值来说，提炼和筛选数据显得尤为重要。大数据规模庞大，数量浩瀚，因此数据的价值密度相对较低，而可视化技术的运用有助于将这些数据呈现得更加清晰明了。通过精确的数据分析，人们可以发现隐藏在大数据背后的趋势和模式，并进而进行个人和群体行为的预测。大数据的价值不仅体现在商业领域，给公共管理也带来了巨大的发展机遇。

第一，大数据推动了公共管理的开放性。过去，政府与企业部门之间往往有明确的边界，信息交流不畅，但随着大数据技术的运用，这种情况得到了改变。政府利用先进的计算机和网络技术完善了互联网和云平台，使公众能够更加便捷地参与公共政府监督。公众可以通过数据的共享和传递，对政府的各项决策进行监督和评估，从而促进政府行为的透明化和有效性。

第二，大数据的运用使公共管理结构呈现出扁平化的趋势，打破了过去传统

[1] 黄宝玲．大数据时代下的公共管理创新路径研究 [J]. 产业与科技论坛，2022，21（17）：281-282.

的僵化局面。在传统的公共管理体系中，信息资源的共享和资源的分配往往不够合理和科学。而大数据的应用使信息资源得以更好地共享，资源分配更加公平合理。政府可以更准确地了解公众需求，更高效地响应问题，从而实现治理能力的提升。同时，大数据还能够帮助政府对公共服务进行精准化的投放，让更多有需求的人受益。

二、大数据技术背景下的公共管理范式转型

（一）大数据技术背景下公共管理范式转型的方法

1. 方法论范式转型

在大数据技术的使用过程中，不仅能够完成海量数据的有效分析，而且还能融入云平台相关工作中，不仅能够提升数据资源分析的准确性与有效性，还能促进计算机学科与公共管理学科进行有效整合，促进相关方法与理论能够不断发展与完善，从一定程度上全面提升公共管理的工作水平与工作效率。

2. 研究思维范式转型

随着大数据技术的快速转型与发展，不同类型公务人员的研究思维也要实现全面转变，从传统的经验式研究方法努力向数据分析研究方法转型，这样能够促进整体研究体系更加精准与科学。为了真正实现这一发展目标与工作目的，不同类型的公务人员要全面结合大数据技术对数据有效性与准确性进行全面分析，在未来研究与发展过程中，努力构建全新思维工作体系与工作模式，促进公共管理体系实现全新升级。

3. 研究对象范式转型

随着大数据技术的有效开发与使用，在日常工作过程中能够更好地收集相关资源与信息，依托云平台实现对数据的有效分析与研究，可以更好地完成对相关内容的有效收集，促进日常社会管理更加科学有效，最终能够更好地完成以人为本的工作目标。在实际范式转型工作过程中，相关公务人员要进行有效调研与分析。

4. 绩效检验范式转型

依托大数据技术的有效应用，能够对物价等相关信息进行全面分析，可以更加真切地了解到老百姓对美好生活的追求、公众的生活成本与日常开支。同时，依托大数据技术可以更好地分析地区经济社会发展情况，相关政府工作部门采用有效方式与方法实现绩效检验的有效转型与升级，从而引导广大公众在科学有效的公共管理体系下美好的生活，促进公众对公共管理体系更具满意度与支持度。

（二）大数据技术与公共管理范式转型的模式

为了促进理论与实践发展模式的有效发展与融合，不仅需要运用数据分析等全新技术手段推动不同学科与技术的有效转化与发展，而且在公共管理领域可以借助大数据技术实现内容与形式的有效创新，主要表现在以下几方面。

1. 从流程化向数据化的转变

为了促进传统公共管理模式实现全新发展，要注重实现从流程化向数据化的转变，促进管理工作效率不断提升，实现日常管理工作程序更加科学合理。随着大数据技术的发展，越来越重视对数据的分析与收集，从海量数据资源中获取最优价值信息，并对该项信息进行全面分析与研究，将此作为未来行动与决策的重要前提。

此外，还要依托计算机与大数据技术实现对数据的储存与管理，促进管理的主客体可以更好地获取有效资源与信息，实现对管理目标更好地认识与了解。对于流程管理工作来说，过分注重流程的制定并促进有效运行，往往在制定流程的过程中需要多方的共同参与，在此过程中比较厉害的一方往往会结合自身的收益情况进行制定。与前者模式进行有效比较，数据化管理主要依托技术水平的客观条件，很少会出现主客体博弈的情况。所以，数据管理的重点是要对数据进行有效处理，结合不同数据信息资源的特性来进行有效分类与处理，通过该种方式可以不断提升公共管理水平。

2. 从政策服务向数据化服务的转变

公共管理结合大数据技术手段提供相关数据服务，可以更加高效地进行数据价值的挖掘，带来更好的社会发展价值。对于数据服务来说，往往不会受到地域与公务人员等外部环境的限制，同一个地区的公众只要掌握了大数据技术手段，同样可以获取政策数据化服务。

为了实现数据政策服务更加公平有效，一方面要构建科学的云平台，将不同的及多样化的数据资源进行全面整合，这也是促进数据服务管理的基础；另一方面，要坚持数据信息资源全面开放，这样可以促进更多对象在同一政策背景下获取更多的资源信息。此外，还需要注重维护好数据资源的安全管理，确保数据安全风险降到最低，通过改变信息隐私保护的工作模式，降低数据使用者的工作责任与工作原则。所以，在公共管理中，数据服务被赋予了更多法律方面的内容，主要包括实现差别隐私的管理工作成本。也就是说，相关管理人员对数据进行模糊化处理，这样在大数据资源库中难以有效查询到准确信息，这也会导致数据挖掘与个人特点难以有效联系，导致出现数据信息资源损耗较大的情况。

3. 从绩效产出向优化秩序的转变

大数据技术与公共管理进行有效融合，可以促进社会秩序更加优化，始终坚持以人为本的理念。依托大数据技术不仅是提供一定的社会服务与社会利益，而是给整个社会提供动态的秩序保障，让不同主体在一定动态秩序下可以实现自身价值与利益最大化，促进多主体能够满意发展现状。对于秩序优化工作来说，其根本是要实现多元化数据的有效整合与发展，但是如果仅仅采用结构性数据资源，往往难以有效运用到日常公共管理工作中来。

依托大数据技术的最优性能就是可以采用数据算法的方式，实现对数据资源的有效分析与研究，充分融入管理工作中。正是由于拥有以上多方优势，可以在公共管理中运用大数据技术手段维持社会秩序，满足公众的日常实际需求。

4. 从事后机械应对向智能化预先治理的转变

随着大数据的快速发展，为公共管理提供了更精准的未来预测功能，将相关数据资源充分运用到海量数据测算中，可以确保未来事物发展具有更强的准确性。未来预测系统能否成功的重点在于构建海量的数据资源基础。换而言之，未来预测治理往往对数据资源比较敏感，对人的主观能动性了解不够强，由于数据预测更加注重未来发展驱动，而不重视个人的主观判断。在构建大量数据资源的基础上，实现公共管理具有较强的预先治理特性。

三、大数据技术下的公共管理发展策略

（一）提升公共管理服务意识

在社会建设和发展过程中，公共管理扮演着至关重要的角色。其首要职责是调节社会关系，缓解社会矛盾，以确保社会稳定和谐。作为一个公正、高效的中介者，公共管理机构必须认真履行这一责任，以推动社会进步。

为了改善传统公共管理模式，营销战略思想被引入其中。公共管理部门开始将公众视为消费者，这意味着更加关注民众的需求和诉求。通过优化公共服务，政府能够更好地满足民众的期望。同时，政府机构自身也开始进行转变，意识到自身的服务质量和效率对于公众的重要性。这促使他们增强公务管理服务意识，并持续提升服务质量。

大数据时代的到来为公共管理带来了新的活力和改善机会。随着信息技术的飞速发展，公共管理部门开始引入信息化和智能化平台，为公共决策和资源配置提供了更多的数据支持。通过更加科学地运用大数据分析，政府能够更准确地洞察社会问题，并制订更有效的政策措施。这不仅提升了公共管理的效率，也促进了社会经济的可持续发展。

（二）建立带头引进人才机制

领导干部等要起好带头引进公共管理相关人才作用，配合建立公共管理制度。带头普法与普及知识等，慢慢形成规范的决策程序。在单位中，要进行相应的青年思想教育，让广大青年肩负起公共管理的使命。在广大公共管理人员中，树立坚定的信心，培养大量立大志、成大才、担大任的人才。

（三）建立大数据公共管理协同机制

在建立大数据公共管理协同机制方面，选择一些具有代表性的地区作为先行先试的示范，以典型引路开启新的局面。通过培训和宣传的方式来提升相关人员的思想觉悟和能力水平，让他们了解数字化公共管理的重要性和优势，同时培养他们熟练运用智能公共管理工具的技能，从而推动数字化公共管理的落地实施。利用智能手机等智能设备开发实用的智能公共管理工具，简化操作流程，提高公

共管理的效率和便捷性。积极探索数字化公共管理的新思路，选择并建立起有效推进机制。让智能公共管理软件广泛传播，可着重建立智能管理软件系统，通过引导和鼓励的方式让群众成为宣传智能公共管理软件的推手。

（四）建立资本投入机制

为了推进数字化公共管理，必须建立资本投入机制。将资本投入到公共管理领域，为数字化公共管理的前期发展提供充足的资金支持。投入资本不仅是为了数字化公共管理本身，更重要的回报是人民的幸福感和共同富裕。大量的资本投入也能活跃集体经济，促进相关产业的发展，尤其是智能公共管理软件的研发与建设。除了直接投资公共管理领域，资本投入还可以拓展到其他领域。但在这个过程中，需要确保公共管理软件基础数据建设得到完善，以推动数字技术在更广泛的领域应用，同时加强数字平台的支撑，提高整体经济运行效率。

（五）建立竞争考核机制

在推进智能公共管理的发展中，建立竞争考核机制是至关重要的一步。通过标准化和模块化的方法，可以有效地构建一个优秀的考核体系。从一开始就在智能公共管理中设立考核机制，对于激励管理人员的积极表现具有重要意义。通过考核机制，管理人员将受到激励，以优异的绩效推动智能公共管理软件的有效应用和共享。

（六）建立共享信息机制

完善基础数据建设，确保数据的准确采集和录入。只有准确的数据作为基础，智能公共管理软件才能发挥其应有的作用。因此，在数据采集和录入过程中，必须高度重视准确性和及时性，以确保智能公共管理软件的可靠性。

提高相关人员和群众的参与积极性，是共享信息机制的重要组成部分。通过智能软件的建设，将相关信息便捷地传递给相关人员和群众，增加了参与的便利性和积极性。这将有助于吸引更多人参与公共管理，形成共建共享的良好局面。

搭建简便易懂的智能互联网体系，通过推广手机和互联网等应用，将智能公共管理软件的共享信息传递变得更加简单化，让更多的人轻松获取所需信息。这将有效地推动智能公共管理软件的普及和使用，进一步提升公共管理水平。

在不断持续建设、监督和反馈的过程中，信息技术已实现高质量的发展。信息数据作为公共管理很重要的数据信息来源，在日益复杂的经济发展中尤为重要。随着经济的发展，数据处理的安全、监督的可靠性等问题也随之而来。这个时候就需要相应智能软件具有共享信息的功能，这样可以处理很多随之而来的棘手问题。

第二节　公共管理能力建设的改进路径

一、公共管理能力建设的基层发展

基层党组织的公共管理能力，指在基层执政行政过程中的表现和作用。这种能力涵盖了领导政治、经济、社会治理等多个方面。党作为基层组织的核心领导力量，在实现公共管理能力的提升上发挥着重要的作用。

（一）基层党组织公共管理能力建设的目标

作为引导者，党组织在政治思想领域发挥着重要作用，紧密关注党员群众的思想动态，确保他们的发展方向是正确的。除了在政治思想领域扮演引导者角色外，党组织还肩负着调控基层组织管理的责任，积极参与解决矛盾纠纷。他们要认识到这种调解和协调的重要性，致力于维护社会的稳定和谐。不仅在政治和社会方面，党组织还应在经济发展中扮演积极的推动者角色。他们意识到，借助经济精英资源为当地经济的发展作出贡献是非常关键的。通过与经济领域的合作，为促进当地经济的繁荣和增长贡献力量。

党组织的成员应该时刻以服务者身份出现，全心全意为人民服务，解决民生问题。他们要深知自己的使命，以人民的利益为先，努力满足民众的需求，改善人们的生活状况。为了更好地履行上述职责，基层党组织必须不断提高自身素质，学习精益求精。只有不断进步，才能更好地服务于人民，推动群众安居乐业、致富奔小康。

在这个过程中，组织协调能力的增强也显得尤为重要。党组织应该激发群众的积极性和创造性，凝聚大家的力量，形成团结一致的局面。通过高效的组织协作，他们能更好地应对挑战，迎接发展的机遇。

（二）基层党组织公共管理能力建设的本土化改进措施

1. 注重党组织学习理念的提高

在知识经济时代的发展中，基层党组织扮演着至关重要的角色。为了适应时代的需求，他们必须加强公共管理能力建设，提高学习能力。

（1）确立合适的学习目标。通过设定明确的学习目标，基层党组织能够更好地管理事务，同时激发党员干部的学习积极性。这些目标的确立应当既符合时代的要求，又贴近基层党组织的实际情况，确保学习的针对性和实效性。

（2）关注基层党组织书记的学习教育。他们作为基层党组织的核心骨干，领导着党员干部开展各项工作。因此，引领他们具备先进、全面、有魄力和负责任的领导能力显得尤为重要。通过系统的培训和学习，帮助他们掌握新时代的理论知识，增强解决问题的能力，提高决策水平，推动基层工作的质量和效率。

（3）营造积极的学习氛围，创造多样的学习形式。灵活转变思路，因地制宜，采取多样的学习方式，如学习讨论会、经验交流会、学习小组等，让学习融入到党员干部的日常工作和生活中。同时，鼓励党员干部利用互联网、新媒体等现代科技手段开展学习，以便更加高效地获取信息和知识。

2. 做好角色定位和转变

（1）向“乐于服务”的转变。基层党组织想要实现真正的服务为民，关键在于转变为“乐于服务”的姿态，将满足群众需求和民心所向放在优先位置。基层党组织需要树立正确的服务理念，将群众利益作为一切工作的出发点和落脚点，从而引导全体党员树立以群众为本的服务意识。

为了更好地联系群众，基层党组织要建立起有效的平台和机制，以便了解群众的真实需求和意见。只有通过与群众密切互动，才能及时回应和解决问题，从而在服务过程中形成良好的互动和反馈机制。在实现服务为民的目标过程中，党组织要明白政治领导的重要性。服务功能是政治领导的基础。只有真心实意地为群众服务，才能赢得他们的信任和支持。在这个过程中，党组织将提升在群众中的威信和影响力，从而更好地推动工作的开展。服务不是空洞的口号。为了更好地服务群众，他们注重服务细节，量力而行，追求实效。在解决实际问题上，他们不会空谈，而是真正提供有效的帮助。他们坚信，只有务实的行动才能让群众切实感受到党组织的关怀和力量。

（2）从“被动应检者”到“业务能手”的转变。在基层党务工作中，人们认识到必须转变角色，从过去的“被动应检者”转向成为“业务能手”。这意味着只有通过加强业务能力，成为党建业务的行家里手，才能真正发挥示范引领的作用，提高服务群众和履职能力，推进基层党组织的公共管理能力建设。

为了做到这一点，基层党务工作者需要熟知党章、党规和党的基本知识，并不断学习党史和优良传统。这样一来，他们才能更好地维护党中央的权威，与上级党组织保持高度一致，并在工作中发挥模范先锋的作用。基层党务工作者必须明确基层党组织的基本职责和工作方法。这包括明确党支部书记、党务业务骨干的重点工作内容，有效组织群众、宣传群众、动员群众、服务群众，以提高履职能力和群众工作本领。基层党务工作者要遵守相关制度，开展“三会一课”等组织生活形式，以防止形式化和娱乐化倾向。理解基层治理和基层民主协商的基本内容和要求。加强党对基层治理的领导，运用法治思维和方式解决社会矛盾，推动社会治理法治化，并有效运用民主制度和措施办法。

基层党务工作者需要掌握党员发展和教育管理监督的新规定和新要求。他们要熟悉发展党员的流程，了解党员教育管理监督的基本要求，健全党员档案，增强党建主业意识，着力提高严格教育管理监督党员的能力。通过这些努力，他们将引导党员自觉提高党性修养，践行“四个合格”党员的要求。

（3）向“有的放矢”的转变。在新时代的背景下，基层党组织书记正经历着角色定位的转变。以前的广泛干涉已经不再适应时代的要求，他们现在采取“有的放矢”的方式，以更高效的公共管理职能来应对复杂的社会需求。

为了加强基层党组织的领导作用，严格执行“两个联系制度”成为一项重要任务。这意味着基层党组织必须坚定地保持党的领导核心地位，成为引领基层工作的中坚力量。这种集中领导的机制能够保障村级党组织拥有足够的权力和责任，以更好地履行其使命和职责。为了充分发挥基层党组织的作用，需要整合协调基层相关组织力量。这些组织在组织群众、动员群众、教育群众和引导群众方面有着独特的优势。严格执行“三会一课”制度，即党员大会、党委会、支委会和党课制度，保证党内事务的透明和规范。同时，推行党组织任务清单制度也有助于明确各项工作的责任和目标，确保党组织的工作更加有序、高效。

二、公共危机管理能力建设

政府公共危机管理的重要性在于其系统性、权威性、时效性以及风险性。政府危机管理能力的提升牵涉到社会发展的多个领域和多个方面，是政府执政能力研究领域发展和完善的绝佳机遇。

（一）政府公共危机管理能力的类型

相对于常态下的日常管理，危机管理在政府公共管理中扮演着至关重要的角色。政府公共危机管理能力成为评价政府工作进步程度的重要标志，因为它直接关系到社会的安定与团结。

第一，政府公共危机管理能力影响和谐社会的构建。在现代社会，各种潜在的危机和灾难时刻威胁着社会的稳定和经济的发展。只有政府具备有效的危机管理能力，才能更好地应对各类紧急情况，保障社会的稳定和经济的繁荣。

第二，政府公共危机管理能力影响党的执政能力建设。政府在危机中的表现直接关系到民众对党的信心和认可。如果政府能够高效、果断地应对危机，解决社会问题，就能提升政府的公信力，加强党的执政基础。危机时刻是政府执政能力的严峻考验，只有通过有效的危机管理，政府才能增强管理和决策的能力，从而更好地应对各类复杂局面。政府公共危机管理能力的提升对整个社会产生广泛的影响。一个拥有强大危机管理能力的政府，能够及时妥善地处理各类突发事件，有效维护社会秩序，防止危机扩大化。这不仅增强了政府的治理能力，也增加了人民对政府的信赖度，进而增进了社会的团结和稳定。

（二）改进公共危机管理模式

在时间压力和不确定性的双重威胁下，危机肆虐，对社会的基本结构和核心价值观构成巨大的挑战。在这种紧迫的情况下，必须作出非程序性的决策和果断行动，以有效地应对危机的影响。危机管理作为一种短期管理实践，专注于处理非常规现象，包括预防、预案管理以及危机恢复后的反应。它强调灵活性和应变能力，以便快速作出应对，最大限度地减少损失和影响。为了改进传统的危机管理模式，有以下两个方面需要着重考虑：

第一，将危机规划转变为权变管理。这意味着将危机管理纳入各组织的战略管理范畴，注重预防危机的发生并增加组织的弹性。不再将危机管理视为一种临时应对措施，而是将其融入整体战略中，以更好地应对未来可能发生的不确定事件。

第二，从以政府为中心转变为建立公私合作伙伴关系的管理网络。在危机治理中，公共组织应该发挥主导作用，与私营部门、非营利组织和其他利益相关者建立伙伴关系，共同协调行动，降低风险，减少不确定性。这种多方参与的合作模式能够整合各方的资源和智慧，形成更为综合和协调的应对措施。

（三）公共危机管理能力建设的路径选择

1. 提升我国政府公共危机管理的协调能力

（1）动员社会力量，疏导社会心理。在现行行政体制下，政府拥有危机管理中的绝对优势，但同时也存在着一些局限性。随着危机的复杂性不断增加，单纯依靠政府的力量已经无法完全解决社会矛盾。因此，人们逐渐认识到动员社会力量的重要性，多元化的治理主体成为发展的方向。在这样的背景下，非政府组织的参与显得尤为关键。志愿者和红十字会等非政府组织在危机救助中发挥着不可或缺的作用。他们以无私的奉献回馈社会，为危机管理提供了一种高效而有力的形式。这些组织的参与不仅能够弥补政府救援的不足，还能够凝聚更多的社会力量，形成一股强大的合力，共同应对危机挑战。

除了物质帮助，对公众的心理疏导也是保障危机顺利解决的必要条件。面对危机事件，公众常常处于恐慌和不安的状态。因此，政府和有关部门应当以公开透明的态度报道真相，及时传递危机进展的情况。这样做不仅有助于消除谣言和不实信息的滋生，还能增强公众对危机处理的信任，让大家更加理性冷静地应对挑战。尤其要重视危机恢复阶段的心理疏导工作。危机过后，社会需要迅速恢复正常的生产和生活秩序。在这个过程中，民众往往还存有恐慌和不安的心理。政府和专业机构应当及时提供心理辅导，帮助人们重新建立对生活的信心。通过缓解民众的心理压力，提升政府的公信力和号召力。这样的举措不仅能够让社会更快地回归正轨，还能够增强人们对政府的认同和支持。

（2）加强国际合作。在全球化的时代背景下，危机管理成为各国政府亟需重视的重要工作。针对日益复杂多变的全球挑战，国家间的合作变得尤为迫切。跨地域和意识形态的合作展现了政府的成熟表现。

我国政府逐渐认识到国际合作在危机管理中的重要性。为了提高公共危机管理的效果，降低救助成本，我国开始积极借鉴他国的先进技术、设备和资金等优势。通过与其他国家建立合作伙伴关系，有效地分享经验和知识，从而加强应对危机的能力。

为了更好地应对未来的挑战，政府需要进一步提升危机管理的能力。积极主动地寻求国际援助是必要的举措。建立救助联盟是一种可行的方法，通过联合其他国家共享信息和整合资源，使危机应对的物质资源更加丰富且来源更广泛。在危机解决过程中，国际组织和非政府组织的作用将变得尤为重要，它们可以为危机管理提供额外的支持和帮助。

（3）构建有效沟通环境。

第一，建立专业权威的政府与公众交流平台。成立国家危机数据库和信息处理中心，确保在危机事件发生时，政府能够及时、准确、全面地获取信息。这个中心不仅是一个数据收集的机构，更是一个信息共享的平台，不同渠道的信息会在这里进行比对，以确保所获取的信息的真实性和可信度。政府部门之间也将通过这个中心进行信息共享，有助于实现跨部门合作，提高危机管理的效率。鼓励公众通过多渠道来获取危机信息。通过在不同的媒体平台发布信息，政府确保信息能够覆盖更广泛的受众群体，使公众能够更加全面地了解危机状况。同时，政府还注重对信息进行解读和解释，避免信息被错误理解，以免引发恐慌或混乱。这种开放透明的传播方式也有助于增加政府的公信力，增强公众对政府的信任。

第二，规范引导媒体。政府采取积极的措施来确保媒体在危机报道中担负社会责任。他们鼓励媒体以真实公正的态度来报道危机情况，杜绝虚假信息和不负责任的报道。政府与媒体之间建立了沟通渠道，定期进行交流，以确保媒体获取的信息是准确可靠的。当然，这并不意味着政府会干预媒体的报道，但在一些特殊情况下，政府可能会采取适当的措施来维护公众和社会的利益，避免造成不良后果。

第三，提高政府反应时效。政府部门在危机爆发后需要谨慎而快速地做出反应，不能掉以轻心。在制订应对措施时，需要综合考虑各方面的因素，充分发挥专业团队的作用，以确保决策的科学性和合理性。与此同时，政府需要保持快速反应的能力，尤其是在处理现场情况时，需要高效率地展开工作，最大程度地减少危机带来的损失。

2. 提升我国政府公共危机管理的监管能力

（1）建立科学有效的监管系统。

第一，政府内部监管。政府内部监管体系涵盖多个部门，包括财政、审计、人民银行、证券监管和保险监管等，它们通过监督检查的方式确保政府公共管理行为符合法律规定，避免滥用权力和违法行为。这种监管体系的建立是为了确保政府在面对危机时能够有效地应对，确保公共利益的最大化，同时保障社会的稳定和发展。

完善危机管理官员的问责制，建立健全与权力对应的责任追究机制，通过这样的制度督促行政管理部门在决策时慎重考虑，合理利用资源，提高应急人员的素质。这样一来，危机应对效果将会得到提升，损失也会减少，同时官员的责任心也将得到进一步加强。

第二，社会外部监督。社会监督作为国家监督的有力补充，通过举报、揭发、舆论等形式，有效地抑制公务人员的失德行为。为了加强这种监督机制，政府需要建立相应的危机管理社会监督机制，保护公民畅所欲言，搭建一个有效的监督平台。这将有助于确保政府更加透明、公正地行使权力。

结合社会监督与国家监督是确保政府公共危机管理伦理责任的保障。社会监督与国家监督相互配合，能够及时发现和纠正危机管理中的失衡行为，推动工作方式的改进，从而提高危机管理的效能。这种协同作用将有助于政府在面对复杂多变的危机时能够更加高效应对，确保国家和社会的安全与稳定。

（2）构建政府危机管理的预警机制。危机预警机制能够在危机发生之前及早预知可能出现的范围、方式、危害和程度。只有提前做好充分预案，才能在关键时刻避免预警的盲区，从而更有效地处理突发状况。

为了提高预警机制的准确性，政府要将政治责任与预警机制紧密结合。确保责任追究机制的建立，使那些对预警结果负有责任的人必须承担相应后果，从而确保预警的准确性和可靠性。政府要意识到公共危机预警机制的科学性至关重要，着重改善预警机制的层级分阶段预警，以确保在不同情况下能够做出更有针对性的评估。政府要将预警机制纳入政府常态管理，加大公共危机普法教育力度。通过普及公民和应急人员的危机意识，能够更好地应对潜在的危机情况。只有通过教育，人们才能更加了解在危机发生时应该采取的措施，提高应对危机的能力。

3. 提升我国政府公共危机管理的全面服务能力

经济发展、社会稳定和人民安康之间存在着紧密联系，这使得政府在公共危机管理中的责任日益显著。建设服务型政府成为当务之急，着重提升公共危机管理能力，以更好地履行职责。

（1）拓展公共服务领域，树立公共服务形象，增强政府公信力。只有如此，政府才能有效地预防和应对各类突发公共危机。通过提供优质的公共服务，政府可以与民众建立更紧密的联系，有效调动社会力量，形成共治局面，应对突发事件。

（2）增强社会责任感，在经济发展的过程中尊重市场的作用。政府的服务不仅是为了稳定社会秩序，更要为经济发展和社会稳定创造良好的环境。政府的角色逐渐向服务型转变，将服务社会作为自身发展的根本出发点，更加注重社会效益和民生福祉。

（3）转变政府职能、强化社会责任是危机管理能力的基础保障。政府需要在日常工作中注重积累危机管理经验，加强对社会风险的研判和预测。及时获得准确的信息对于危机管理至关重要，只有在信息畅通的基础上，政府才能作出科学决策，有序应对各类危机。政府的危机管理能力不仅是衡量其管理水平和形象的重要方面，也是其执政能力的重要体现。政府需要设立灵敏的预警机制，增强危机意识，高度重视危机带来的影响。在危机面前，政府必须勇于担当，果断应对，力求化解危机，避免和减少不必要的损失。

第三节　公共管理能力建设体系的信访工作优化策略

“信访，作为我国一项特有的政治制度，是党和政府沟通人民群众的重要桥梁，从建立之初就承担着政治参与和权利救济的功能。”[1]信访制度是民主体系中的一项重要组成部分，它为人民群众提供了合法途径来行使政治参与和民主权利，以维护自身的合法权益。这种双向沟通渠道不仅让民众的声音被政府听到，还让政府能够倾听民意、接受监督，以便为民众解决问题，展现其独特的价值。信访制度在当代中国乃至未来长期都具备重要意义。它实现了四大功能：政治参与、权力监督、纠纷化解和权利救济。

一、地区信访问题协调机制的类型

（一）信访工作联席会议机制

在过去数十年的发展中，信访工作联席会议机制逐步完善，确立了党委统一领导信访工作的大格局。信访工作联席会议的成员单位涵盖了市中院、市人民检察院、地区信访局、市民政局等。每个成员单位都有专人分管领导，共同构成了联席会议的组成成员。联席会议的主要职责是统筹组织协调市信访工作，致力于贯彻落实党委政府信访工作的决策部署，推进信访工作法治化建设，同时还负责协同办理跨区域或者疑难复杂的信访工作，督导并检查重点信访工作任务的完成情况。

（二）领导接待日制度

信访人可以直接面对面向地方主要领导反映问题。这样的安排有利于领导及时了解民意和群众诉求，从而更加直观地掌握问题的实质和紧迫性。领导接访后，会督办相关信访事项，推动问题的解决，确保信访工作的高效进行。市政府设立领导接待日并对外公布，以应对政策和社会环境的不断变化。为了缓冲和化解信访矛盾，信访局领导接待日会相应地调整为重要时期节点，更有针对性地解决问题，有效地维护社会稳定。地区安排市级领导和部委部长进行现场接访，特别是针对相关信访突出事项。这种实地接访的方式能够更深入地了解问题现状，及时解决困难，增强信访人的信心。信访局会对接访事项进行督查督办，并向市级领导及时反馈办理进程，确保事情得到圆满解决。党政主要领导的接访下访不仅体现政府为民服务的真诚心意，还能够及时协调处理多方利益交错的信访事

[1] 蔡世威．基层信访工作的困境与出路 [D]. 南宁：广西大学，2019：1.

项。这种方式督促信访干部改进工作作风，提升信访工作效能和政府公信力。通过领导的亲自参与，信访工作能够更加务实高效地推进，有效解决问题，为民众带来更多实实在在的利益。

二、化解信访矛盾的措施

近年来，国家在信访工作中提倡逐步引入第三方组织或个人，如律师、心理咨询师和社会工作者，以增强信访工作的多元化和专业化。“两师”和社会工作者的参与，为信访人提供了更为全面和专业的支持与帮助。为了不断完善信访工作，地区信访局按照本地实际情况，安排这些专业人士每年定期到外地进行学习和调研，吸取其他地区的先进经验与成功做法，为本地信访工作带来新的活力和动力。

（一）律师、心理咨询师参与矛盾化解

在推进信访工作制度改革的过程中，重要的目标是打造法治信访，提高解决疑难信访问题的水平，确保信访问题能够及时就地得到解决。为了实现这一目标，政府采用第三方服务的方式，购买专业服务来协助处理信访事项。其中，政府邀请律师参与信访事项的化解工作，并成立专门的信访律师顾问团队。这个顾问团队由处理民事纠纷、房地产纠纷等信访问题多发领域经验丰富的律师组成。同时，为了更加及时地调解处理信访事项，地区信访局设立专门的谈心室，安排律师和心理咨询师轮班坐岗，以确保及时有效地解决信访问题。为了在基层建立强大的信访工作团队，各县（区）陆续组建信访律师和心理咨询师工作团队。这些团队的成员承担领导接访和化解疑难信访问题的责任。在工作职责方面，信访律师团队和心理咨询师团队积极参与信访领域的工作。通过建立相关制度和办法来明确奖惩激励机制，同时提供必要的组织领导保障，以推动“诉访分离”问题的解决。这将有助于加速案件的结案和问题的解决。

（二）多措并举化解重点信访矛盾

第一，完善规章制度。规范依法逐级走访和初信初访工作，确保信访事务得到妥善处理，为后续解决措施奠定基础。

第二，问题前置。相关部门充分整合了多部门的资源，并建立了“矛盾纠纷调处中心”网络平台。实现信息互通互联，形成一套高效的网络监控体系，使问题可以得到更快速的解决和跟进。

第三，严格落实首接首办责任制。地方政府强化对初信初访案件的处理，及时给予处理答复，防止问题复杂化，着重关注“接访、交办、督查、化解、评议、稳控”六个关键环节，以解决潜在的矛盾问题。

第四，化解信访积案和疑难问题，推进专项活动。统筹协调资源，合理使用专项资金，发挥各级信访督查员和调解员的作用，努力化解信访问题，使积案和疑难问题得到妥善解决。

第五，严格落实工作责任。相关部门建立工作台账，实行县级领导包案制度。对于重大疑难问题，主要领导亲自带头包案，确保这些问题得到高效处理。对于处理不到位的案件，立案交办，以确保问题得到跟进解决。同时，缠访闹访、涉法涉诉案件会被特别处理，并向上级省联席办汇报。此外，对于老户和重复信访问题，地方政府制订评查和解决机制，以推进解决工作。

（三）严格督查督办，做好分析研判，当好决策助手

在落实地区信访局领导班子联系县区制度、提升督查层级以及强化信访工作督查权威方面，相关部门要着力加强督导工作。重点信访工作由市攻坚办负责督查巡查，市领导接访案件由市委、市政府督查室逐案督查，确保每起信访案件都得到妥善处理。定期汇报重要数据成为常态，每季度向市委市政府报送《信访形势分析报告》，将信访情况透明化，为决策提供科学依据。同时，随时通过《信访要情》向市委市政府领导报告重大访情，确保重要信息传达及时，让决策层能够及时采取相应措施。特别是在重点敏感期，相关部门采取更加紧密的督导措施。每天向市委市政府、市直单位报告通报当日访情，利用信访手机快报，确保市县领导随时掌握信访动态。这一措施使监管更加实时化，能够迅速发现问题并作出及时应对，防患于未然。利用“矛盾纠纷调处中心”网络平台，对收集到的各类矛盾纠纷进行分类、统计、排序，展示各级各单位矛盾纠纷的总量、类别以及化解状态等详细信息。这种做法不仅提高了领导决策的科学性，还使各类问题得到更加精准的解决方案。

三、信访工作优化建议

信访工作的核心目标是化解社会矛盾，以多方面的举措和改进来实现这一目标。从源头预防矛盾的产生，采取前瞻性措施，防患于未然。通过联防联动的方式，各相关部门通力合作，形成合力，共同解决问题。依托大数据技术，构建线上线下平台，以确保信息畅通和反馈迅速，从而提高工作效率。

（一）掌握矛盾源头，优化工作机制

1. 完善矛盾纠纷排查化解机制

在完善矛盾纠纷排查化解机制方面，强调矛盾排查预防工作的关键性。为此，党委政府统筹协调各方资源，事前制订应急预案和措施，以应对潜在的不稳定风险。为了确保项目实施的顺利进行，专业人员全程督导，以规避可能出现的问题。同时，重视风险评估，确保所做出的决策方案得到群众的认可和支持。这一举措不仅维护了群众的合法权益，而且提高了决策的民主性，从而减少了社会矛盾的发生。

2. 弱化信访制度的权利与救济功能的方式

为了弱化信访制度的权利与救济功能，相关部门鼓励信访人在涉法涉诉事项上更多地寻求司法和行政救济，将信访救济作为补充救济机制。通过职能回归，着力完善和提升司法、行政救济的有效性，以逐步减轻信访的权利救济压力。在此过程中，司法权威得到明确，各部门之间的界限更加清晰，从而确立恢复司法和行政救济为主，信访救济为辅的权利救济体系，以使司法和信访各司其职。信访部门坚持原则，明确告知对司法部门无监督权，将涉法涉诉案件的处理与诉访分离，逐步分流涉法涉诉事项，确保各项任务有效推进。

（二）线上、线下全覆盖办理平台

1. 优化集成办理平台

在为了化解社会矛盾纠纷而打造综合化解中心的目标下，相关部门融合党代表、人大代表、政协委员以及法律服务、心理咨询、社工等多方社会力量，形

成一个多元、综合的力量汇聚地，旨在高效地应对各类矛盾和纠纷的出现。党委或政府主要负责同志定期查办相关事项办理情况，信访局和司法部门则负责统筹协调工作，其他各部门负责自身范围内的矛盾纠纷化解工作。这样的责任分工确保了问题能够得到统一判别和精确交办，避免了工作重复或者责任推诿的情况发生。为了实现高效的矛盾纠纷管理，该中心建立起“受理、反馈、评价、回访、督办”五个环节的闭环管理机制。一旦问题被接收，就会经历一套完整的管理流程，确保问题得到及时解决，不会出现流于形式或拖延的现象。在组织架构方面，县级是该中心的重要构建平台。在县级以下，设立镇街和村（社区）办公室，以发挥信访督查专员、乡信访协调员、村调解员、居民组和解员等角色的作用。通过逐级传导、上下联通的工作模式，积极主动地化解信访事项和矛盾纠纷，有效地遏制问题升级的可能。定期召开信访工作联席会议，对疑难矛盾纠纷进行研判，制订解决方案，并追踪问效，督察督办，形成一种有力的推动机制，让解决问题不再仅停留在口头承诺，而是真正落实到实际行动中。

2. 推进大数据与信访工作的深度融合

在推进大数据与信访工作深度融合方面，市政府搭建了一个智能化云数据辅助平台，该平台将现有信访信息系统和其他网络平台进行整合，从而打造了智慧信访管理平台。这个平台实现了大数据技术在信访工作中的应用，为信访部门提供了更高效、更便捷的工作手段。

（1）融合多渠道信访投诉的处理方式，实现了“多元投诉，一体受理”。群众可以通过微信公众号等多种方式轻松完成信访投诉，无需受时间和地点限制，进一步方便了广大群众的信访举报。

（2）建立信源管理功能。这项功能确保了群众信访件原件的规范管理，使信访事项可以随时查看和跟踪办理情况，从而提高了信访工作的透明度和可追溯性。

（3）将市委、市政府主要领导批示的群众信访资料都上传至智慧信访平台。这样一来，领导包案的管理和督办就能实现统一，信访工作可以更加有序地进行，同时也有利于领导及时了解信访工作的进展情况。

（4）建立存量和增量信访积案库。通过智慧信访平台，对信访积案的处理过程进行规范，同时实现数据统计的实时化。这使得信访积案的解决更加高效，市政府可以及时掌握信访工作的处理情况，以确保积案得到及时解决。

（5）充分利用智慧信访平台的数据分析和统计评估模块，形成有价值的分析研判报告。这些报告为党委和政府的科学决策提供了重要的信息支撑。通过对信访数据的深入分析，市政府能够更好地了解社情民意，把握民生疾苦，从而制订出更加符合实际情况和群众期待的政策举措。

（三）多方参与、惩处有效的办理机制构建

在实际工作中，信访积案化解的标准为诉求合理地解决问题到位、诉求无理的思想教育到位、生活困难的帮扶救助到位，最终实现案结事了。

1. 领导带头化解信访积案

（1）市级领导以身作则，亲自带头接访下访。坚持按照“属地管理、分级负责”的原则，党政领导亲自带班接访，倾听群众的呼声，并积极回应他们的诉求。这种亲民的作风让群众感受到领导的关怀和责任心。市级领导们还定期向群众反馈办理情况，让群众了解到问题得到了重视和解决的进展，增加了群众对党和政府的信任。

（2）市级党政领导带头调处，推行“事心双解”机制。领导亲自牵头处访，负责包案化解，并协同责任单位共同解决问题。为了确保问题得到妥善解决，市级领导定期召开会议，对问题进行深入分析研判，并进行多方协调。这种多部门合作的方式有效地打破了各部门之间的壁垒，形成了合力，使问题得到了迅速而全面的解决。市级领导们的带头作用也激励了各级干部积极主动地投入到解决问题中。

（3）市级领导加强对解决问题过程的督导和检查工作，以传导责任压力。结合专项督导工作，市级领导对信访工作实施专项督查，督导责任单位是否按照要求落实解决问题的责任。通过这种方式，市级领导督促责任单位认真履行职责，确保责任得到切实落实。对于发现的问题，市级领导提请党政一把手联合约谈，促使相关责任单位采取措施并及时解决。这种督导和督查机制有效地防止了问题的懈怠和拖延，使问题得到了及时而有效的解决。

2. 情理法结合化积案

（1）聘请心理咨询师进行心理研究是至关重要的。心理咨询师可以根据信访人的个性特点制订个性化的疏导方案，通过运用心理学方法解开信访人内心的心结。这样一来，信访人的愤懑情绪可以得到有效缓解，案件导致的积怨也能够得以化解，从而实现“事心双解”的目标。

（2）结合信访联合接访机制也是解决矛盾纠纷的重要途径。通过调查矛盾纠纷，了解信访人的诉求和焦点，可以更好地查清事实真相。在了解了问题的全貌之后，相关部门与信访人可以一同制订调解方案，确保问题得到有效解决。此外，还需提供后续跟踪服务，以确保问题的持续解决和信访人的满意度。

（3）通过广泛宣传，使信访人了解相关法律法规政策，能够更好地依法行事。律师可以在接访的全过程中为信访群众提供有针对性的法律咨询服务。他们可以帮助信访人理解法律的要点，引导他们依法理性地反映问题。对于涉法涉诉的信访事项，律师还可以提供法律援助以及法定途径的信息，帮助信访人更好地维护自己的合法权益。

（四）强化队伍建设，加强宣传教育

1. 强化信访干部队伍建设

（1）提高专业素养。信访工作需要广泛的知识面，包括法律、政策、社会学等方面的知识。因此，对信访干部进行持续的专业培训是非常必要的。培训内容可以包括法律法规、信访政策、沟通技巧、心理辅导等，以确保他们具备处理复杂信访问题的能力。

（2）培养沟通能力。信访干部是政府与民众之间的桥梁，需要善于倾听、理解民众的诉求，并能够以积极、有效的方式与信访群众沟通，化解矛盾、解决问题。因此，应该加强信访干部的沟通技巧培训，提高他们的沟通能力。

（3）建立激励机制。建立健全信访干部的激励机制，通过奖励先进个人或团队，激发干部的积极性和责任心。同时，对于信访干部在工作中出现的问题，也要建立相应的问责机制，促使他们更加认真履行职责，不断提升工作质量。

（4）加强心理疏导。信访工作往往会面临一些复杂、敏感的问题，信访干部承受较大的心理压力。因此，需要加强心理疏导服务，帮助他们解决工作和生活中的心理问题，增强应对能力。

（5）建设团队合作意识。信访工作是一个团队协作的过程，信访干部之间要密切配合、相互支持。因此，要加强团队合作意识的培养，通过团队建设活动、共同讨论案件等方式，增强信访干部的凝聚力和团队协作能力。

（6）推崇廉洁作风。信访干部作为政府的代表，廉洁自律尤为重要。要加强廉政教育，坚决防止腐败现象的发生，营造风清气正的工作环境。

（7）加强宣传教育。通过多种渠道宣传信访干部的先进事迹和工作经验，激励更多的干部学习典型、争做表率。同时，向公众宣传信访工作的重要性和政府解决问题的决心，增强信访干部的社会认同感和自豪感。

2. 多措并举，引导信访人依法有序上访

在信访工作中，服务对象主要是信访人。为了有效处理信访问题，提升信访工作者的素质是必要的，同时也需要关注提升信访人的法治意识，以引导他们有序进行上访。

（1）加强法律法规宣传，引导群众树立法治意识，依法维护自身权益。为了实现这一目标，可以采取一系列措施，如开设法治小讲堂、制作电视信访专栏等，通过典型案例剖析的方式让群众深刻认识到法律的重要性和必要性，从而提高依法信访的意识。

（2）引导群众依法有序上访。通过定期开展信访政策法规条例的宣传解读活动，可以向群众普及信访的基本流程和合法维权的方式，为他们提供必要的信息和指引，从而规范他们的信访行为。在这方面，发放小册子、播放宣传片等形式可以起到很好的辅助作用，让群众快速了解信访的相关知识。重点在于让信访人认识到，有序的信访行为能够更好地维护自身权益，并且将问题有效地传达给相关部门，提高问题解决的机会和效率。

第四节　公共管理学科话语与自主知识体系的中国化建构

一、公共管理学科话语体系构建

公共管理学科是中国特色社会主义现代化建设事业的缩影。作为一门学科，它以国际视野为基础，同时专注于中国国情和治理实践。在公共管理学科中，一个被广泛关注的概念是话语体系，它代表了一种新的概念、新的范畴以及新的表述方式，同时也涉及到话语方式和话语权的问题。为了服务中国特色社会主义事业，公共管理学科需要建立具有中国特色的话语体系，通过这种体系来讲述中国故事，并为人类命运共同体的发展贡献中国智慧。因此，研究公共管理学科的发展进路、本土化建构以及话语体系构建成为科研工作者需要深入研究的重要课题。

在研究公共管理学科的发展进路时，研究人员需要关注如何通过学科内在的理论和实践发展，推动学科的不断创新和进步。同时，要注重结合中国国情和治理实践，将国际先进理论与中国实际相结合，形成具有中国特色的公共管理体系。本土化建构是指在公共管理学科的研究和实践中，根据中国的国情特点和发展需求，逐步建立起适应中国国情的管理体系和治理模式。这需要科研工作者深入了解国家的历史、文化和社会背景，发掘中国特色的管理经验和智慧，为中国的现代化建设提供有针对性的管理解决方案。

（一）公共管理学科话语体系的中国化构建背景

在百年未有之大变局下，公共管理学科扮演着至关重要的角色，面临着前所未有的历史任务。中国特色社会主义正处于推进国家治理体系和治理能力现代化、实现中华民族伟大复兴的历史进程中。因此，公共管理学科必须深入研究并回答新提出的重大理论和现实问题，以提供有说服力的解决方案，为当前形势下的治理提供科学的指导。作为中国特色社会主义现代化建设的重要组成部分，公共管理学科在其发展过程中始终与中国的改革开放相一致，具备国际视野与中国国情的特点。在当前百年未有之大变局中，公共管理学科应当充分发挥自身优势，为应对挑战和解决问题贡献智慧和力量。

为了更好地适应本土的实践需求，公共管理学科应进行本土化的实践探索。以政治学为母学科，公共管理学科在吸收其他多个学科的基础上得以发展壮大。然而，建设中国公共管理学科时必须审视本土特色及内在逻辑，并摆脱固定的思维模式。这需要结合中国独特的文化和制度情境，构建体现中国治理实践的理论基础和分析框架。公共管理学科应充分吸纳并发掘中国政府治理已积累的本土经验，以推动公共管理学科的理论和方法创新。

在探索本土化的实践中，公共管理学科需要重视中国传统文化的价值观，融入中国特色社会主义道路的内涵。同时，还应关注中国政府治理的成功案例与挑战，从中汲取经验教训，并将其转化为可操作的治理策略。通过这样的方式，公共管理学科可以更好地为中国特色社会主义现代化建设和国家治理体系的持续发展贡献力量。

（二）公共管理学科话语体系的中国化构建路径

在民主治理和市场经济的发展推动下，共同伦理在中国不断形成。中国坚定地走上了一条独具特色的民主和市场经济道路，为国家的繁荣昌盛奠定了坚实基础。在中国的发展过程中，建立与社会主义市场经济相适应的公共行政与公共管理体系显得尤为重要。这样的体系能够更好地满足市场经济条件下的社会需求，有效规范市场秩序，推动社会公平与正义。哲学社会科学作为对国家未来发展方向的思考，应该紧密围绕中国改革发展的实践进行探讨。只有以实践为中心，构建起符合中国特色的哲学社会科学，才能更好地应对国家面临的挑战与机遇。同时，公共管理学科的发展也面临着新的要求。它需要体现中国治理实践的智慧，结合中国的国情和文化传统，寻求适合国家发展的最佳路径。在构建中国话语体系的过程中，公共管理学科也应具备与世界对话的包容性话语体系，吸纳并借鉴国际经验，使其更具全球影响力。

1. 适合中国制度情境的概念谱系构建

公共管理学科的话语体系在特定情境中才能获得意义和价值。在中国的场景下，公共管理学科具有独特的历史传统、主题领域、问题导向和本土知识。这些方面与中华文化和中国模式相互交融，为公共管理学科话语体系的本土化提供了肥沃的土壤。

建设具有中国特色的话语体系能够反映中国的智慧和特色，为国际社会提供中国式的解决方案和经验。因此，公共管理学科的话语体系建设需要以中国特色社会主义思想为指导，构建适应中国制度情境的概念体系。在构建公共管理学科的话语体系时，还需要顺应学科发展规律。这意味着要增加具有时代感和新内容的新概念、新范畴和新表述。通过与时俱进，公共管理学科的话语体系能够更好地符合当代社会的需求和挑战。

中国模式不仅是中国式现代化新道路的体现，也是中国式治理转型的重要表达。因此，对于公共管理学科话语体系的构建来说，如何用一组概念工具来解释和讲述中国模式的内涵十分关键。这将帮助公共管理学科更好地传播中国故事，并为中国智慧在全球化背景下的发展作出贡献。

2. 彰显中国智慧的本土化理论框架构建

（1）特定的理论建构总是以特殊目的为导向，这些理论反映并承载着特定文化的深层本质。在学术探索与社会实践中，人们不断塑造与演绎理论，使其成为应对各类挑战与问题的工具。这些理论不仅是抽象的思辨，也是具体问题背后的解决方案，凝结着人们对于特定文化背景和社会需求的理解与回应。

（2）中国的行政管理实践构成了丰富多彩的案例研究，为本土理论建构提供了坚实的实证依据。中国作为一个历史悠久且拥有庞大人口的国家，其治理挑战与问题独具特色。因此，从中国的实际案例出发，学者们能够深入剖析与研究不同背景下的行政管理模式，为本土理论的形成和完善提供了重要的实践支持。

（3）中国公共治理实践为解决中国经济社会实际问题创造了适用的治理案例。这些案例凝聚着治国理政的“中国智慧”。中国智慧是指在面对日益复杂的治理挑战时，中国积累的独特经验与智慧。这些智慧成为了解决问题的有效路径，促进了中国在不同领域取得的显著进展与成就。这些案例所反映的中国方案不仅历经时代的考验，而且具备相当的稳态特征。这表明这些治理实践不是一时的短暂做法，而是经过长期实践与验证，得到了社会的认可与延续。这种稳态特征使得这些案例成为其他国家与地区学习借鉴的宝贵经验。

二、公共管理学科自主知识体系的中国化建构

中国特色哲学社会科学的构建旨在建立起独特的中国知识体系。在应对百年未有之大变局时，中国特色哲学社会科学回答着中国之问、世界之问、人民之问以及时代之问，表达着对中国之路、中国之治、中国之理的追求。它的目标是使中国特色哲学社会科学在世界学术领域发出璀璨的光芒。公共管理学科在改革开放以来的国家与社会治理实践中持续进行政府改革理论和中国之治话语的探索。面对百年未有之大变局，公共管理学科需要深思研究根本问题和“大问题”。为此，努力构建基于本土经验的中国特色公共管理原创性理论与知识体系。公共管理学科肩负着时代赋予的使命和责任，为公共管理学者推动中国特色公共管理的发展贡献自身力量。通过全力研究和推动公共管理领域的发展，为中国社会的进步和发展提供宝贵的智力支持。在中国特色哲学社会科学的引领下，公共管理学科将进一步蓬勃发展，取得更大的成就，为中国的现代化建设作出积极贡献。

（一）特色哲学社会科学论述的思想内涵构建

在构建中国特色哲学社会科学自主知识体系的过程中，主要目的是实现两个关键目标：一是达成理论自信，二是实现文化自信。这个过程涉及中华民族现代化历程的重大理论与实践探索。

第一，理论逻辑。整个体系的构建是一个系统工程，包含了理论的提出、阐释、形成和创新。这种构建具有鲜明的导向性，体现在世界观、价值观、认识论和方法论的基础上，引导人们认识与推理现实世界的各种现象。

第二，历史逻辑。哲学社会科学的思想与理论是历史和社会演变的产物。它受到民族传统文化和历史经验的影响，并直接关系到国家治理环境的基础以及公共政策的制订和执行。因此，在构建自主知识体系时，需要充分吸取中国几千年的治理经验与文化智慧，并将其与现代需求相融合。

第三，现实逻辑。现实世界也是构建理论的重要逻辑基础。理论创新来源于对传统文化的传承、与既有理论的对话，以及人类的实践与创造。这种创新是对百年未有之大变局、复杂社会变动趋势以及国家治理体系现代化要求的回应。通过对这些问题的探索，寻求新的理论视角和话语。

第四，比较逻辑。自主知识体系的构建并不是孤立的，也不是简单地套用国

外的理论用于中国的社会研究。它需要借鉴国际视野，结合中国本土经验，比较不同国别的治理模式。这样的比较有助于明晰中国在世界历史和现实中的地位，更好地概括中国特色哲学社会科学自主知识的价值。

（二）公共管理学科自主知识体系的中国化构建意义

近年来，构建自主知识体系已成为公共管理学界理论研究的自觉与追求。公共管理学科走向中国自主知识体系的建构，是学科进一步成长，知识进一步发展、研究进一步创新的必然要求。面对巨变时代大量浮现的公共治理问题和亟待思考的中国之治方案，构建自主知识体系更具紧迫感。

公共管理学科理论、话语形成势必具有“场域”意识和“情境”关怀。理论形成并不超越时空，理论具有历史性，是在一定的历史发展阶段、一定的社会场景中产生、抽象的。公共管理理论的建构及其阐释离不开其特定的“情景”，它是关照时代、关照现实、关照真实世界公共问题的产物，它深深地根植并嵌入在一个民族的文化传承之中。

公共管理作为回应国家治理重大问题，探求中国治理现代化之路的经世致用学科，面对大变局下国内外环境不确定性和复杂性不断加剧，迫切要关怀“人民性”价值下的民生与民享问题，思考社会、国家乃至全球公共治理的出路以及中国未来发展的方案抉择。对学科而言，这既是挑战，也是知识发展、创新的机遇。其中，有四大驱动力推动公共管理学科自主知识体系建构。

第一，阐释党领导下的公共管理制度及其机制的治理特征，在实践中检验制度的效能。中国公共管理在党政体制的框架下如何将有效地行使统一的公共权力，调适党政在政治、决策、执行、监督的权力运行机制，产出具有优势的制度绩效。对此，公共管理学科承担着将政党领导下的公共管理制度实践概念化、学理化的重任。

第二，回应中国社会发展中的公共管理重大理论与实践问题，寻求适应性的中国之治方案。人类社会面临的种种巨变都是重大公共管理及公共政策议题的来源，需要在数字化时代以新思维来回应。超大城市治理、民生与基本公共服务保障、生态环境保护、总体性国家安全、危机应急管理、基层社会治理等秩序问题，都成为公共管理学科推进理论重构的动力源泉。

第三，致力中国传统公共管理的知识梳理、总结，创造性地将传统治国理政智慧转化为不断传承的理论思想。具有悠久历史的中华民族，为今世和后世留下了巨大的治国理政经验财富，在精神气质上影响着深层的行政行为与行政文化，重新理解并挖掘传统治国精髓，亦是公共管理获得自主性知识资源的动力。

第四，发现中国公共管理特有的现象及过程，解释现象产生的内在逻辑与机制，生产中国公共管理学独特的概念、话语。我们需要以实地调研、参与式观察、社会实验、数据分析等研究方法，敏锐地洞察中国社会转型变迁中公共管理的结构、形态、机制及行为变化，领悟公共管理多元行动者集体行动中的互动、体验、理解、学习、创新的显著特征，从演进逻辑和机制发展中不断抽象、概括具有规律性的中国公共管理善治之道。

（三）公共管理学科自主知识体系的中国化构建路径

公共管理学科自主知识体系的中国化构建，既是学者的重大使命，也是学者长期积累、持续扎根、不断反思、回应实践的脚踏实地的研究过程，需要公共管理学科不懈的努力，明确自身的目标以及行动路线。

第一，理解自主知识体系构建的本体论、认识论、方法论的意义，用于指导理论与方法的研究。构建公共管理自主知识体系，首先要在本体论、认识论和方法论的哲学层次上，重新认识、理解知识建构的价值目标。本质上，这是在公共管理研究思维方法与认识方式的转换，即将习惯于从文本、理论、数据出发做研究推论、理论演绎，转变为将深入到治理实践调研、经验感知与理论文本研读分析有机结合，注重实践理性，以关注现实问题和治理经验为导向，形成理论指导研究问题及方法与在实践中获得新知、丰富经验认知的互动式思维方式，促进自主知识的增长。

第二，扎根本土公共管理实践，提取中国之治的案例经验，抽象、发展公共管理中层理论，抽象契合中国经验的学术概念。当前，我们应以中国公共管理的经验性案例为研究资源，运用实证研究方法，深入到城市、乡村公共政策制定、执行的公共组织系统，探求其实际管理过程和产生结果的机理，客观评估政策绩效，从观察、参与中积累知识，总结概括解释机制的中层理论及概念。

第三，加强公共管理比较研究，以国别、地区间管理比较，发现公共管理的共性与个性特征，增进与海外理论的对话能力。管理经验既是地方的，也是国际的。一方面，比较研究提供了全球视野中不同国家管理经验的范本，可以回答治理差异以及差异产生的机理，发掘我国管理的独特价值及其经验扩散的方式，发现公共管理发展的趋势；另一方面，比较研究提供了经验评价的标准和价值导向，超越单一的认知标准，为认识世界多元的而非一元的现代化模式提供依据。

第四，挖掘中国传统治国理政的“道、势、术”精髓，在当代重新理解、认识传统治理智慧的思想内涵。中国拥有悠久而广博的治国文化，涵盖关乎人类秩序的道法观念、天下观念、民本观念、家国情怀、人伦关系等深邃的哲学思想，充满了辩证逻辑，对当下社会治理、国家治理依然保持着强大的文化影响力。梳理传统中国治国理政的经验与思想，深入分析其中契合现时代治理的思想内核，理解传统治理文化中阐释的规律和普适观念，明理文化基因中承载的逻辑，服务于现时代国家治理现代化的需要。

第五，阐释中国之治的经典案例，讲好“中国故事”，传播中国公共治理的实践经验。在提取中国公共治理经验、概念、话语和展开比较研究的基础上，公共管理学界应同时加大将中国之治的经验向海外传播的力度，在传播过程中诠释“中国故事”，开展理论对话，增进世界对中国治理的理解。

参考文献

[1] 布雪琳 . 农村公共管理人才资源开发的路径选择 [J]. 农业经济，2017（5）：109-111.

[2] 蔡世威 . 基层信访工作的困境与出路 [D]. 南宁：广西大学，2019.

[3] 陈芳，鲁萌 . “能力席位”视角下公务员绩效考核三级指标体系研究——以湖北省省直机关公务员为例 [J]. 中国行政管理，2013（11）：71-74.

[4] 陈世瑞 . 公共危机管理中的沟通研究 [M]. 上海：上海人民出版社，2011.

[5] 陈振明，薛澜 . 中国公共管理理论研究的重点领域和主题 [J]. 中国社会科学，2007（3）：140-152，206.

[6] 戴妍 . 学习的社会性研究 [D]. 西安：陕西师范大学，2016.

[7] 葛秋萍，李淑芳 . 公共管理类创新人才培养与社会需求的和谐发展路径 [J]. 中国行政管理，2008（12）：53-56.

[8] 顾爱华 . 公共管理 [M]. 沈阳：东北大学出版社，2002.

[9] 贺新宇 . 政府体制创新与公共管理职能重塑 [J]. 中国行政管理，2003（6）：26-28.

[10] 侯志阳，张翔 . 作为方法的“中国”：构建中国情境的公共管理案例研究 [J]. 公共管理学报，2021，18（4）：126-136，174.

[11] 胡威，蓝志勇，杨永平 . 西部地区基层公务员学习意愿及其影响因素研究 [J]. 公共管理学报，2013，10（4）：68-77，140.

[12] 黄宝玲 . 大数据时代下的公共管理创新路径研究 [J]. 产业与科技论坛，2022，21（17）：281-282.

[13] 黄玉蓉 . 从七个方面提高公务员能力 [J]. 瞭望新闻周刊，2001（41）：7.

[14] 贾哲敏 . 扎根理论在公共管理研究中的应用：方法与实践 [J]. 中国行政管理，2015（3）：90-95.

[15] 李传军 . 开展公共管理谈判研究的实践需求和理论价值 [J]. 福建行政学院福建经济管理干部学院学报，2006（2）：26.
[16] 李鹏 . 公共财政体制与政府公共管理职能 [J]. 中共中央党校学报，2012，16（3）：54-57.
[17] 李阳 . 供需矛盾视角下高校公共管理类人才培养改革途径 [J]. 科技资讯，2020，18（1）：230.
[18] 廖晓明，张艺 . 我国公共管理类专业人才培养模式改革研究 [J]. 江苏商论，2006（7）：152-154.
[19] 刘士竹，高学栋 . 公务员培训应着力实现向能力培训转变 [J]. 理论学刊，2005（10）：31-32.
[20] 刘耀东 . 校政协同培养公共管理人才 [J]. 中国高等教育，2013（20）：59-60.
[21] 刘宗劲 . 基层治理中的公共沟通：隐形逻辑、时代蕴意及实践路径 [J]. 云南行政学院学报，2021，23（3）：79.
[22] 罗梁波，颜昌武 . 从单一性到复合化：中国公共管理研究的现实与未来 [J]. 政治学研究，2018（5）：79.
[23] 罗双平 . 公务员应具备的能力素质 [J]. 中国人才，2005（11）：46-47.
[24] 邱丽莉 . 现代公务员培训的新理念及重点 [J]. 中国成人教育，2009（13）：64-65.
[25] 邱霈恩 . 试论公务员的能力构成与建设 [J]. 新视野，2004（3）：47-49.
[26] 孙志建 . 技术赋能与认知转向：理解公共管理方法数字化转型的核心机理 [J]. 电子政务，2021（8）：15-28.
[27] 陶磊，文博 . 行为遗传学：行为公共管理研究的新视角与新路径 [J]. 公共行政评论，2022，15（5）：182-195，200.
[28] 汪玉凯 . 公共管理 [M]. 北京：中共中央党校出版社，2006.
[29] 王凯 . 从公务员考录看高校行政管理专业学生的能力培养 [J]. 黑龙江高教研究，2004（10）：146-147.
[30] 王琼，陈玉 . 大数据时代政府公共管理面临的机遇、挑战与应对策略 [J]. 中国管理信息化，2022，25（9）：178.

[31] 王艳辉，田睿．公共关系学 [M]. 广州：广东旅游出版社，2019.

[32] 王盈盈，甘甜，郭栋，等．从项目管理到公共管理：PPP 研究述评与展望 [J]. 管理现代化，2020，40（6）：67-74.

[33] 魏红征．公共管理人才培养的实践教学模式创新 [J]. 教育评论，2013（6）：24-26.

[34] 翁文艳．公务员危机处置能力的培养方法与课程开发 [J]. 中国人力资源开发，2010（7）：13-17.

[35] 夏季，王晓玲．论执政能力建设的伦理价值向度 [J]. 求索，2007（6）：141-143.

[36] 肖海燕．提升国家治理能力与公务员行为激励的场动力探析 [J]. 领导科学，2016（28）：6-7.

[37] 谢矜，王有强．清华大学公共管理学院的人才培养模式探索 [J]. 中国大学教学，2018（7）：42-49.

[38] 徐凌．公共管理能力与技巧 [M]. 广州：中山大学出版社，2018.

[39] 许吉．浅论应用型公共管理人才的培养途径 [J]. 现代教育科学，2009（1）：323-324.

[40] 薛澜，俞晗之．迈向公共管理范式的全球治理——基于“问题—主体—机制”框架的分析 [J]. 中国社会科学，2015（11）：76-91，207.

[41] 杨艳．公共管理 [M]. 北京：国家行政学院出版社，2005.

[42] 姚学林，齐霜．公务员政策执行能力培养对策 [J]. 人民论坛，2010（35）：30-31.

[43] 游韵，伍度志，包玉．校政合作背景下应用型本科高校“双基地”实践教学模式研究 [J]. 教育观察，2022，11（22）：50.

[44] 岳德霞．论公共管理人才的职业素养与职业能力培养 [J]. 教育评论，2013（5）：24-26.

[45] 张敏．算法治理：21 世纪的公共管理现代化与范式变革 [J]. 政治学研究，2022（4）：50-62，157-158.

[46] 张迺英，巢莹莹．公共关系学 [M]. 上海：同济大学出版社，2019.

[47] 张小乐．提高公文写作水平的有效途径 [J]. 新闻与写作，2013（12）：68-70.

[48] 张学本 . 公共管理沟通 [M]. 沈阳：辽宁大学出版社，2013.

[49] 张再生，白彬 . 新常态下的公共管理：困境与出路 [J]. 中国行政管理，2015（3）：38-42.

[50] 赵宇峰 . 公共管理学 [M]. 西安：西安电子科技大学出版社，2018.

[51] 郑代良，姜又春，宋曙光 . 公共事业管理专业综合实训教程 [M]. 成都：西南交通大学出版社，2018.

[52] 郑石明 . 挑战与出路：公共管理专业人才培养探析 [J]. 大学教育科学，2012（5）：53-57.

[53] 周绿林，陈浩，许远旺 . 公共管理教学案例解析 [M]. 镇江：江苏大学出版社，2021.

[54] 朱德米，曹帅 . 公共价值理论：追寻公共管理理论与实践的同一性 [J]. 中共福建省委党校（福建行政学院）学报，2020（4）：89-100.